Edades & Etapas

**Dados Internacionais de Catalogação na Publicação (CIP)
(Câmara Brasileira do Livro, SP, Brasil)**

Twombly, Elizabeth
    Edades & etapas : actividades de aprendizaje para 0-5 años / Elizabeth Twombly, Ginger Fink. -- São Paulo : Cortez ; Madri : Narcea, 2016.

ISBN 978-85-249-2483-5 (Cortez)
ISBN 978-85-277-1566-0 (Narcea)

1. Aprendizagem 2. Atividades 3. Crianças - Desenvolvimento I. Fink, Ginger. II. Título.

16-06350   CDD-155.4

Índices para catálogo sistemático:

1. Crianças : Desenvolvimento : Psicologia infantil   155.41

Edades & Etapas

ACTIVIDADES DE APRENDIZAJE PARA 0-5 AÑOS

Elizabeth Twombly
Ginger Fink

 **narcea**

SOBRE LAS AUTORAS

Elizabeth Twombly, M.S. es ayudante principal de investigación del Programa de Intervención Precoz de la Universidad de Oregon, en EEUU. Antes de dedicarse a la intervención precoz, trabajó con niños pequeños en programas de educación ambiental y cuidados infantiles. Ha participado en el proyecto *Ages & Stages Questionnaires® (ASQ)* desde 1990, interviniendo en su desarrollo e investigación iniciales. Prepara a quienes trabajan con familias de niños muy pequeños para que utilicen estos cuestionarios. Coordina proyectos del Programa de Intervención Precoz relacionados con la salud mental infantil.

Ginger Fink, M.A. ha trabajado en el campo de la educación temprana, durante más de treinta años, como maestra, directora y formadora de maestros. Colaboró en el desarrollo de programas familiares comunitarios, de alcance estatal. Ha sido también coordinadora de formación del sistema de examen evolutivo *Ages & Stages* de la Universidad de Oregon, en EEUU. Además de su consulta privada, imparte asignaturas sobre primera infancia en el Clackamas Community College, de Oregon.

Las autoras quieren agradecer el estímulo continuado que les ha dado Jane Squires para terminar este proyecto. Además, agradecen a los miembros del grupo de trabajo del *Infant Child Monitoring Questionnaire* de Hawai: Winnifred Ching, Robin Einzig, Barbara Essman, Clare Kohatsu y Patsy Murakami sus importantes aportaciones a este trabajo. Asimismo dan las gracias a los amigos de preescolar de las Kamehameha Schools y a Ruth Ota, R.N., B.S.N., M.P.H., jefa de la Public Health Nursing Branch, del Department of Healt, del Estado de Hawai, que continúa trabajando sin descanso por los niños de Hawai.

Direitos de impressão no Brasil — Cortez Editora

Rua Monte Alegre, 1074 – Perdizes
05014-001 – São Paulo – SP
Tels.: (55 11) 3864-0111 / 3611-9616
cortez@cortezeditora.com.br
www.cortezeditora.com.br

Nenhuma parte desta obra pode ser reproduzida ou duplicada sem autorização expressa dos autores e do editor.

© NARCEA, S. A. DE EDICIONES, 2008
Paseo Imperial, 53-55 28005 Madrid (España)

www.narceaediciones.es

© 2004 by Paul H. Brookes Publisinh Co., Inc.
Título original: *Ages & Stages Learning Activities*

Tradução: Carolina Ballester
Dibujo de la cubierta: Roser Bosch

Edição original
ISBN: 978-84-277-1566-0 (Narcea)

Impresso no Brasil — agosto de 2016

Índice

INTRODUCCIÓN.. 7
  Áreas fundamentales en el desarrollo de la primera infancia. Cómo utilizar las Actividades de Aprendizaje. Estructura cronológica de las actividades

De 1 a 4 meses 14
  Comunicación. Motricidad. Resolución de problemas. Habilidades personales y sociales.

De 4 a 8 meses 24
  Comunicación. Motricidad. Resolución de problemas. Habilidades personales y sociales.

De 8 a 12 meses 34
  Comunicación. Motricidad. Resolución de problemas. Habilidades personales y sociales.

De 12 a 16 meses 44
  Comunicación. Motricidad. Resolución de problemas. Habilidades personales y sociales.

De 16 a 20 meses 54
  Comunicación. Motricidad. Resolución de problemas. Habilidades personales y sociales.

De 20 a 24 meses 64
 Comunicación. Motricidad. Resolución de problemas. Habilidades personales y sociales.

De 24 a 30 meses 74
 Comunicación. Motricidad. Resolución de problemas. Habilidades personales y sociales.

De 30 a 36 meses 84
 Comunicación. Motricidad. Resolución de problemas. Habilidades personales y sociales.

De 36 a 42 meses 94
 Comunicación. Motricidad. Resolución de problemas. Habilidades personales y sociales.

De 42 a 48 meses 104
 Comunicación. Motricidad. Resolución de problemas. Habilidades personales y sociales.

De 48 a 54 meses 114
 Comunicación. Motricidad. Resolución de problemas. Habilidades personales y sociales.

De 54 a 60 meses 124
 Comunicación. Motricidad. Resolución de problemas. Habilidades personales y sociales.

Introducción

Edades & Etapas: Actividades de Aprendizaje para 0-5 años es un libro que presenta numerosas actividades, diseñadas para dar a los padres, maestros y educadores unas ideas rápidas y muy fáciles de aplicar, a través de juegos e interacciones para el aprendizaje, que mejoren el crecimiento y desarrollo de los bebés y de los niños pequeños [1]. Las actividades están redactadas con un lenguaje muy sencillo y utilizan unos materiales que la mayoría de las familias tiene a mano en sus casas.

Las autoras esperan que, además de apoyar ciertas áreas del desarrollo infantil, estas actividades fortalezcan la relación entre padres e hijos. Con este fin, las actividades se presentan como un juego.

Aunque las *Actividades de Aprendizaje* están diseñadas para ser utilizadas por el «Programa de Seguimiento, *Ages & Stages (ASQ)*» [2], tam-

---

[1] La palabra inglesa *child* designa tanto al niño como a la niña. La mención continua de «hijo e hija» o «niño y niña» haría extremadamente pesada la lectura, máxime cuando, en muchas ocasiones, estos sustantivos aparecen calificados por adjetivos que también habría que repetir en ambos géneros. Con el fin de evitar, por una parte la pesadez de la redacción y por otra el sexismo, el traductor ha optado por poner esos sustantivos unas veces en femenino y otras en masculino, tal como parece que se está imponiendo en los países de habla inglesa y como, precisamente, hacen las autoras, a sabiendas de que cualquier decisión al respecto es discutible. *(N. del T.).*

[2] Las actividades se basan en el programa de Bricker, D. y Squires, J. (con Potter, L., Nickel, R. y Farrell, J.: *Ages & Stages Questionnaires ®: A Parent-Completed, Child-Monitoring System,* 2ª ed., Baltimore: Paul H. Brookes Publishing Co., 1999). En este libro hemos traducido *Ages & Stages* por *Edades & Etapas: Actividades de Aprendizaje de 0 a 5 años.* El programa consta de unos cuestionarios correspondientes a distintas etapas del desarrollo in-

bién pueden usarse independientemente. En este sentido, el libro que presentamos ofrece a los padres y educadores un repertorio de juegos de gran utilidad para comprobar y estimular el desarrollo y evolución de los niños entre 1 mes y 60 meses de vida, es decir, de 0 a 5 años.

Este Programa *Edades & Etapas* consta de una serie de cuestionarios que rellenan los padres, o en su caso los educadores, y que sirven para examinar y supervisar el desarrollo del niño desde su nacimiento hasta los 5 años de edad. Los resultados del cuestionario determinan si el niño se está desarrollando en un nivel adecuado a su edad, o si debe someterse a una evaluación más profunda a cargo de profesionales del ámbito de la intervención precoz o de educación especial, con el fin de determinar la necesidad o no, de unos servicios especializados.

Áreas fundamentales en el desarrollo de la primera infancia

El Programa *Edades & Etapas (ASQ)* examina la evolución de cinco áreas fundamentales en el desarrollo de la primera infancia:

- *Comunicación*
- *Motricidad gruesa*
- *Motricidad fina*
- *Resolución de problemas*
- *Destrezas o habilidades personales y sociales*

Una vez realizadas las actividades de cada una de las áreas se pueden obtener tres posibles resultados.

Por encima de los límites de los cuestionarios de *ASQ*, significa que el niño se desarrolla con normalidad en ese momento.

Por debajo de los límites de los cuestionarios de *ASQ*, significa que el niño se sitúa en el límite estadístico o por debajo de él, por lo que

---

fantil, dirigidas a padres y educadores. (Para completar información será útil consultar: www.brookespublishing.com/as. Si el lector o lectora ya sea padre-madre o maestro, desea realizar el Programa *Ages & Stages* en su totalidad puede obtener estos Cuestionarios en español, así como sus correspondientes plantillas o registros de evaluación, en Paul H. Brookes Publishing Co. (Post Office Box 10624. Baltimore, Maryland 21285-0624). Están publicadas íntegramente en el CD-Rom que acompaña al libro *The ASQ User's Guide* (© 2003), de las mismas autoras.

hay que derivarlo a un profesional para determinar si conviene que acuda a servicios especializados.

En torno a los límites de los cuestionarios de *ASQ*, el niño se acerca al límite; la puntuación es discutible y parece que necesita apoyo adicional en una o más áreas evolutivas. No obstante en ese momento, el niño no muestra un retraso significativo para su derivación a un profesional.

Cómo utilizar las *Actividades de Aprendizaje*

Las actividades que incluye el libro están diseñadas para ser utilizadas con niños y niñas que obtengan unos resultados por encima de los límites de los cuestionarios *ASQ* o en torno a ellos, es decir, para niños que presentan una evolución normal. Si el niño obtiene una puntuación inferior, se le remite a un profesional, ya que no se pretende que estas actividades satisfagan las necesidades de los niños con retrasos evolutivos identificados. Como dijimos antes, estos niños deben recibir una enseñanza individualizada y en profundidad realizada por profesionales de intervención precoz o de algún experto o institución de educación especial en la primera infancia. Si los profesionales lo consideran conveniente, estas actividades también pueden utilizarse como apoyo para un programa de intervención.

Las Actividades de Aprendizaje que presenta este libro [3] se agrupan de acuerdo con:

1. La *edad* del niño
2. El *área* de desarrollo que se menciona

---

[3] Aunque el Programa *ASQ* tiene 19 cuestionarios, las actividades que presentamos en este libro sólo tienen juegos para 12 etapas de edad, comprendiendo desde los 4-8 meses hasta los 54-60 meses. Tras realizar una evaluación con el cuestionario *ASQ*, los padres y educadores pueden seleccionar las áreas completas que quieren trabajar, dependiendo de los resultados conseguidos. Por ejemplo, a los 12 meses un niño puede obtener un buen resultado de *por encima* de los límites del cuestionario *ASQ* en las áreas de comunicación, motricidad gruesa, resolución de problemas y destrezas personales y sociales; y sin embargo un resultado de *en torno* al límite del cuestionario *ASQ* en el área de motricidad fina. En este caso se puede optar por facilitar a los educadores un juego completo de actividades de 12 a 16 meses o sólo el de actividades de motricidad fina de esa misma etapa.

Para cada periodo de edad, se presentan actividades relacionadas con las áreas mencionadas: *Comunicación, Motricidad gruesa, Motricidad fina, Resolución de problemas y Habilidades personales y sociales.*

Las actividades o juegos que se insertan en cada tramo de edad permiten que los niños y niñas desarrollen y perfeccionen muchas destrezas o habilidades simultáneamente, y esto con independencia del área específica que se quiera trabajar. No obstante, es conveniente que los padres y profesionales de la educación que estén realizando la actividad con los niños, se centren en la finalidad para la cual ha sido diseñada cada una de ellas.

En cada apartado se muestra una breve descripción de lo que puede considerarse normal en el plano evolutivo de cada grupo de edades o de cada etapa. Como el desarrollo de cada niño es diferente, puede ocurrir que las habilidades o destrezas de un niño estén o no reflejadas en esta descripción. Es importante que los padres y educadores respondan siempre a las necesidades y posibilidades evolutivas, exclusivas de cada niño.

Al comienzo de cada área, en la etapa correspondiente a cada tramo de edad, se ofrece una breve descripción evolutiva del área. A continuación, se presentan una serie de entre 5 y 8 actividades adecuadas para esa edad. Las actividades dan oportunidad de desarrollar diversas destrezas; sin embargo no hay que pensar que estas actividades lo abarquen todo. Los niños aprenden de los adultos de mil maneras y éstas que figuran en el libro son sólo unas pocas. Algunas actividades son novedosas y otras son antiguas y muy conocidas por todos. Esperamos que los padres y educadores añadan a éstas, otras más, como fruto de su propia experiencia. Se invita a todos a que añadan actividades o que las modifiquen, para satisfacer las necesidades específicas de cada niño o de cada familia.

En cada conjunto de actividades las autoras han incluido juegos que apoyan y favorecen además el *desarrollo del lenguaje* y de la *lectoescritura*. Confiamos en que las familias o los educadores estimulen algunos fundamentos de la lectoescritura, experimentando con ritmos, rimas, trabalenguas; gesticulando, hablando, escuchando; leyendo libros, revistas, periódicos, señales de las calles, rótulos de los comercios, etc.; experimentando con instrumentos de escritura para hacer garabatos: dibujar, escribir cartas y tarjetas a las personas queridas, y así sucesivamente. El amor a la lectura y el disfrute de la misma, así como el éxito de los niños y niñas en situaciones escolares formales posteriores pueden tener su origen en estos años de la primera infancia.

Es posible también que sea conveniente hacer adaptaciones para ayudar a las familias que tengan orígenes culturales diversos. En este sentido se pueden añadir juegos de la propia tradición cultural o de la propia experiencia. Todas las culturas tienen sus juegos, rimas o canciones infantiles propias y preferidas. Cuando un bebé oye estos sonidos cariñosos, se fortalece su conocimiento de la persona que los canta.

Es posible que en algunos casos, no se estime conveniente que el niño realice una determinada actividad de aprendizaje. Por ejemplo, algunas familias no quieren que sus hijos utilicen espejos. En estos casos, el respeto a los valores debe guiar las interacciones y las opciones que se tomen.

Estructura cronológica de las actividades

Las *Actividades de Aprendizaje* se estructuran en el libro por tramos de edad. Estos tramos son de cuatro meses hasta los 2 años, y de seis meses hasta los 5 años. Son por tanto doce etapas que abarcan desde 1-4 meses, hasta 54-60 meses, es decir, desde 0 hasta los 5 años.

Para las cinco áreas que se trabajan, queda indicada a la vez la edad idónea para su aplicación. Ésta se indica en el ángulo inferior derecho de la página dedicada a cada área.

Las actividades están redactadas de manera sencilla. No obstante algunas familias pueden necesitar apoyo adicional. Puede que sea necesario ejemplificar, ilustrar o comentar las actividades con ellas. Por ejemplo, el tutor o educador puede presentar a la familia una actividad nueva por semana, llevando determinados juguetes o ayudándole a conseguir los materiales en su entorno habitual. Por supuesto, es importante tener en cuenta la seguridad de los niños en cada nivel evolutivo. Aunque algunas actividades incluyan advertencias de seguridad, el adulto debe supervisar siempre todas las actividades en las que participen niños pequeños.

Finalmente, indicar que todas las *Actividades de Aprendizaje*, o juegos, deben realizarse con mucha flexibilidad y atendiendo siempre a las necesidades específicas y a la diversidad, de cada niño o niña.

ACTIVIDADES DE APRENDIZAJE

De 0 a 5 años (1 a 60 meses)

EDADES	ÁREAS
1-4 meses	Comunicación
8-12 meses	
12-16 meses	Motricidad Gruesa
16-20 meses	
20-24 meses	Motricidad Fina
24-30 meses	
30-36 meses	
36-42 meses	Resolución de problemas
42-48 meses	
48-54 meses	
54-60 meses	Habilidades personales y sociales

La maravillosa personita que tiene junto a usted se comunica con todo su cuerpo. La mirada que le dirige, le dice que usted es la persona más importante del mundo. El bebé se comunica con movimientos corporales, ruidos y su especial forma de llorar cuando necesita algo. La música favorita de su bebé es su suave voz. Aunque el bebé disfrute con los sonidos de un hogar en el que se hacen muchas cosas, es importante mantener algún tiempo de silencio para que el pequeño pueda oír voces familiares.

Canciones y rimas

Muestre a su bebé el canto, la rima y el ritmo de sus canciones infantiles favoritas. Cambie las palabras de una canción conocida. Añada de vez en cuando el nombre de su bebé (Por ejemplo, «A la nana nanita, nanita ea, mi *Anita* tiene sueño, bendita sea»).

Cante y hable mientras atiende al bebé

Mientras baña a su niña, le da de comer, hace ejercicio con ella o le cambia, cante cualquier canción. Invente sus propias canciones. Procure que la niña mire su cara mientras usted habla y canta. Anime a hacer lo mismo a otros miembros de la familia. El bebé comprenderá así lo importante que es usted.

Un bebé divertido

Durante las horas de tranquilidad y felicidad, anime a sonreír a su bebé. Ponga caras divertidas (no de terror). Cuando el bebé sonría, ponga de nuevo esa misma cara. ¡Dígale al bebé lo divertido que es!

Libros de dibujos

Con el bebé acurrucado en su regazo, sostenga un libro con dibujos sencillos, claros y de colores, de manera que ambos puedan verlo. Háblele con dulzura de lo que ven mientras usted le señala los dibujos. El bebé aprende que la hora de leer es importante.

Una hora especial para hablar

Cuando su bebé esté despierto, abrácelo y sosténgalo de manera que pueda verle la cara. Háblele durante un ratito. Mírele a la cara mientras él le mira a usted. Anímele a hacer distintos sonidos, arrullos y gritos. Conversen.

Palabras para el llanto del bebé

Al consolar al bebé cuando llore, explíquele por qué está llorando. Trate de imaginar qué es lo que está mal y dígaselo mientras atiende sus necesidades.

Dé sentido a los sonidos

Cuando se oigan sonidos en la casa, ayude al bebé a percatarse de ellos. («Estoy oyendo que suena el teléfono», «estoy oyendo llamar a tu hermano»).

La hora del teléfono

Cuando hable por teléfono, tenga a su bebé a su lado y mírele. El bebé disfruta mientras la ve y la escucha. ¡Piensa que tiene una conversación con él!

1-4 meses

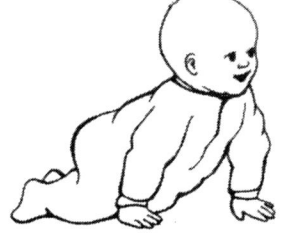

1-4 meses

Desde el nacimiento, el bebé va adquiriendo cada vez más fuerza. Practica levantando y controlando la cabeza. Mueve los brazos y las piernas. Pronto será capaz de darse la vuelta estando boca arriba. Le gusta que lo sostengan de manera que sus pies toquen con suavidad una superficie. Le divierte que lo sostengan sentado, y esto, a la vez, le ayuda a fortalecer la espalda y los músculos de la barriguita.

Cambios de postura

Cuando el bebé esté despierto, colóquelo en posturas diferentes, sobre el estómago o de lado. Esto le permitirá mover los brazos y las piernas en distintas direcciones. No pierda de vista al bebé mientras esté sobre el estómago.

Patadas

Coloque al bebé de espaldas sobre una superficie dura. Mientras le habla con calma, anímele a que mueva las piernas. Sosténgale un pie con cada mano y muévalo suavemente hacia adelante y hacia atrás.

Cabeza arriba

Coloque al bebé boca abajo. Mueva frente a él un juguete brillante o ponga caras y haga sonidos que estimulen al bebé para que levante la cabeza.

La hora del baño

Una forma especial de bañar al bebé es hacerlo en la bañera con usted. Dele un suave masaje en las piernas, los brazos, el vientre y la espalda. Deje que el bebé patalee y salpique mientras usted lo sostiene; háblele y cántele.

El equilibrio (en torno a los 3 ó 4 meses)

Ponga al bebé sobre sus rodillas y manténgalo de pie con suavidad. Déjele que eche sobre usted todo el peso que pueda para ayudarle a fortalecer las piernas y conseguir más equilibrio.

A rodar

Anime al bebé a que ruede desde la posición boca abajo hasta quedar boca arriba sosteniendo ante él un juguete brillante y moviéndolo despacio hacia un lado. Puede ayudarle a rodar hasta que pueda hacerlo solo.

Sube y baja (alrededor de los 3 ó 4 meses)

Con el bebé en su regazo, levántele despacio sosteniéndolo por los brazos. Después, bájelo con suavidad, en un juego de sube y baja mientras le habla. Esto le ayudará a fortalecer los músculos del estómago y permitirá que el bebé vea el mundo que lo rodea y contemple su cara sonriente desde un punto de vista diferente.

Motricidad fina

1-4 meses

El bebé va controlando su mirada, centrándola en un objeto cercano durante algunos segundos. Pronto será capaz de seguirle con la mirada mientras usted se mueve a su alrededor. Su mano se cerrará sobre su dedo y lo agarrará con fuerza. Demostrará su excitación agitando los brazos. ¡Es un momento maravilloso para empezar a descubrir lo que pasa en el mundo!

Besar los dedos

Cuando le esté amamantando, estimúlelo para que le toque los labios con sus manos (si no lo hace espontáneamente). Bésele las yemas de los dedos. El bebé descubrirá la sensación suave y húmeda de sus labios y pronto aprenderá a dirigir los dedos hacia su boca.

El reto (en torno a los 3 ó 4 meses)

Mientras su bebé está tumbado en una alfombra o sentado en su sillita, ofrézcale un juguete o alguna cosa que esté lejos de su alcance. Cuando trate de alcanzarlo, deje que lo tome. Es probable que también se lo lleve a la boca.

Agarra el dedo

Deje que su bebé le agarre el dedo y se aferre a él con fuerza. Tire con suavidad de él para que el bebé sepa que usted está ahí: «¡Eh!, ¡eres muy fuerte!».

Masaje de los dedos de las manos y de los pies

Acaricie los dedos de las manos y de los pies del bebé al mismo tiempo. Una loción para bebés hace que el masaje le resulte especialmente agradable. Su bebé disfrutará con la sensación. De esta manera, aumentará la conciencia de su cuerpo.

Cinta al viento

Póngase una cinta o pañuelo largo y de colores vivos alrededor del cuello. Cuando se incline para cambiar al bebé o para levantarlo, deje que alcance la cinta y la toque. Siéntese y hable sobre lo que esté haciendo.

Guerra de tirones

Deje que el bebé agarre el extremo de un paño de cocina o de una toalla. Tire con suavidad del otro extremo. Dígale que está muy fuerte. Siga jugando y ¡déjele ganar!

1-4 meses

El bebé ya puede responder a los sonidos y a las voces. Está empezando a buscar el origen del ruido. También mira a su alrededor y demuestra su interés por una persona o un juguete. Le gusta estudiar cosas con sus propias manos y su rostro preferido: ¡el de usted!

Siguiendo la pista

Deje que el bebé siga con la mirada un sonajero, una cuchara brillante o su cara. Mantenga el rostro o un objeto a unos 25 o 30 cm de la cara del bebé y muévalo despacio, de izquierda a derecha. Hable con dulzura mientras juega. El bebé disfrutará al participar en la acción.

Un roce

Toque suavemente a su bebé con una pluma, una bola de algodón o el extremo de un paño. Su bebé disfrutará con la sensación mientras aprende a aislar distintas partes del cuerpo. Háblele con voz suave. Describa lo que siente el bebé.

Olfateando una bola de algodón

Para ayudar a su bebé a desarrollar su sentido del olfato, humedezca bolas de algodón en distintas fragancias, como menta o extracto de vainilla. Acérqueselas al bebé de manera que pueda sentir el aroma: «Mmm, huele bien».

Poner caras

Con el bebé tumbado de espaldas, inclínese sobre él y ponga caras de sorpresa o de alegría. Anímele a alcanzar su nariz, labios o boca. Ríanse juntos.

Calcetines de colores

Ponga un calcetín de color vivo en el pie del bebé. Esto le estimulará para que mire sus pies; después, tire del calcetín y agárrele un pie. Este juego le ayudará a descubrir partes de su propio cuerpo.

Cucharas brillantes

Tumbe al bebé hacia arriba y cuelgue sobre él una cuchara brillante de manera que pueda alcanzarla y golpearla. La cuchara sirve también para entretener al bebé, siempre que esté bien sujeta y fuera de su alcance.

Alcanzar cosas (en torno a los 3 ó 4 meses)

Mientras el bebé está en su regazo o en el de otra persona, sostenga un juguete pendiente de una cuerda para que trate de alcanzarlo. Deje que los intentos del bebé se vean coronados por el éxito, atrapando el juguete.

1-4 meses

Habilidades personales y sociales

1-4 meses

El bebé necesita y le encanta que lo levanten y el contacto físico. Cuando tenga necesidad de alguien, alborotará y llorará; entonces, su respuesta y su voz suaves le calmarán. Esto suele ocurrir después de comer, descansar o haberle cambiado el pañal. Hacia la séptima semana de vida, responderá con una encantadora sonrisa.

Amor y confianza

Cuando el bebé llore, responda de inmediato. Es su forma de decirle algo importante. Abrácelo, sonríale, cántele y háblele a menudo. Es su forma de decirle: «Te quiero y te cuidaré».

Comunicarse mediante el tacto

Después del baño, el bebé está dispuesto para un masaje. Use aceite para bebés y frótele suavemente los brazos, las manos, las piernas, los pies, la espalda, la barriguita y el culito. Continúe mientras el bebé esté tranquilo y contento. Háblele o cántele una canción. Puede inventársela; el bebé no se dará cuenta.

El juego de las caras divertidas

Ponga cara de admiración: «¡oh!»; saque la lengua o arrugue los labios cuando parezca que el bebé estudia su rostro. Mantenga esa expresión y observe si el bebé la imita. Sonríale si copia la expresión.

Mirarse al espejo

Sostenga al bebé ante un espejo. Lo pasará muy bien sonriendo y haciendo ruidos para sí mismo. Cuando el bebé se mira en el espejo, descubre la suavidad de su tacto y el «otro» bebé que ve.

Juegos de desaparecer y aparecer

Juegue con el bebé a las «apariciones» y «desapariciones». Tápese los ojos con las manos y después, con las del bebé. Levante las manos y diga: «¡Hola!». Tápese la cabeza con una manta y levántela, mientras dice: «¡Hola!» Durante mucho tiempo, su bebé disfrutará con las variantes de este juego.

Manos felices

Cuando el puño del bebé empiece a relajarse, ponga en su mano un juguete pequeño. Todavía no lo manipulará muy bien. Déjele que agarre su dedo mientras le da de comer. Más tarde, guíele las manos para que sostenga el biberón. ¡Sonríale y dígale que es muy fuerte!

Comunicación

4-8 meses

El bebé ha aprendido a utilizar la voz: chilla y está empezando a balbucear, tanto dirigiéndose a sus papás como a otras personas. Sabe cómo se llama y puede emplear su voz para hacerle saber que se siente feliz. Puede gritar para llamar su atención y está a punto de producir sonidos como «mamá» o «papá». También está aprendiendo a responder al «adiós».

Fricciones al bebé
Después del baño, disfrute de un rato tranquilo hablando con el bebé mientras le da friegas. Háblele de su jornada y pregúntele por la suya.

¿Qué es eso?
Cuando su bebé se percate de un sonido, ayúdele a localizar su origen. Pregúntele: «¿Qué es eso? ¿Es el coche de papá?». «¿Has oído un perro?».

Toca ese sonido (en torno a los 5 meses)
A medida que su bebé comience a experimentar con su voz, es probable que usted oiga los sonidos «b», «m» y «d», así como los «a», «i» y «u». Imite los sonidos que haga el bebé. Mientras usted hace el sonido, haga que el bebé ponga los dedos en sus labios para que sienta las vibraciones.

Crear confianza con las palabras

Cuando se aparte del bebé para hacer otras cosas, manténgase en contacto con él hablándole. Dígale lo que está haciendo mientras le sigue con la vista: «Estoy aquí. Estoy recogiendo la ropa. Ahora mismo vuelvo». De vez en cuando salga de su campo visual, pero continúe hablando hasta que vuelva. «¿Me has echado en falta?».

La hora de leer

Su bebé disfruta viendo las ilustraciones de las revistas o los libros. Siéntese con él en su regazo y haga como que lee noticias sobre el teléfono, el perro, el coche o la cuchara. Cuéntele una historieta: «¿Ves el teléfono? Es para ti».

Cante una canción

Cuando bañe a su bebé, le cambie los pañales o la ropa, cante una canción que diga algo de este estilo: «Nos lavamos la cabeza, nos lavamos los pies, nos lavamos las manos y la carita también».

El escondite

Apártese de donde pueda verle el bebé y llámelo por su nombre. Espere unos segundos y reaparezca: «¡Aquí estoy!». Busque otro sitio y ocúltese de nuevo.

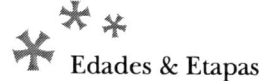

4-8 meses

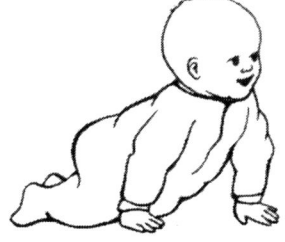

4-8 meses

El bebé se hace más fuerte por momentos. Ahora mantiene erguida la cabeza y mira todo lo que aparece a su alrededor. Está aprendiendo a sentarse sin ayuda, aunque, al principio, utiliza las manos para apoyarse. Le encanta que lo sostengan de pie y pronto se levantará él solo.

La hora de estar en el suelo

Extienda un edredón en el suelo o en el exterior, debajo de un árbol. Coloque a su bebé en el edredón, boca abajo, con algunos de sus juguetes favoritos y estimúlelo para que se estire, gatee, ruede, se retuerza o serpentee hacia los juguetes. No olvide dejarle también algún tiempo boca arriba.

Bien sentado

Ayude a su bebé a sentarse. Siéntese detrás de él y haga de respaldo. El bebé puede sostener un juguete o un libro. Dígale al oído que es un bebé maravilloso. Cuando aprenda a sentarse solo, puede dejar de ayudarle.

El bebé que bota

Sosteniendo con las manos al bebé, ayúdele a mantenerse de pie. Haga que se divierta botando mientras está de pie en el suelo, en el sofá o en su regazo. Cántele una canción que acompañe los rebotes: «Salta, salta, salta, ya. ¿A que es divertido?».

Juego de pie

Hacia los 7 meses, el bebé se divierte estando de pie, agarrándose a mesas y sillas y alcanzando objetos diversos. Retire de las mesas o estanterías bajas los objetos que puedan romperse y coloque algunos de sus juguetes preferidos.

El pequeño explorador

Ahora que el bebé puede gatear, ¡querrá explorar toda la casa! Asegúrese de que ningún sitio que pueda explorar encierra peligro y que todos están limpios. «¿Qué hay debajo de la mesa? ¿Qué hay detrás de la silla?». ¡Qué buen ejercicio!

Carrera de obstáculos (en torno a los 6 ó 7 meses)

Cuando el bebé haya empezado a gatear, puede prepararle una sencilla carrera de obstáculos con almohadas y mantas para que gatee, saltándolas o rodeándolas.

La tapadera brillante (alrededor de los 7 u 8 meses)

Cuando pueda sentarse solo con más facilidad, dele una bandeja o la tapadera de una olla para que juegue con ella. Podrá verse en la bandeja mientras la golpea, la toca con las manos y la echa a rodar.

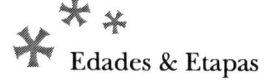
Edades & Etapas

4-8 meses

Motricidad fina

4-8 meses

El bebé todavía no agarra las cosas con fuerza aunque le gusta alcanzar los objetos que tiene cerca. Puede sostenerlos y golpearlos e, incluso, tener una cosa en cada mano. Es posible que observe con interés lo que le garabateemos. Está aprendiendo a utilizar los dedos y cada día lo hace mejor.

Sonajeros y juguetes

Dé a su bebé todas las oportunidades posibles de probar diferentes sonajeros y juguetes. Las cosas que tienen un tacto diferente o los juguetes que hacen sonidos son muy interesantes para el bebé. Objetos habituales como las cucharas, pueden ser uno de sus mejores juguetes.

Pica, pica (6 meses o más)

Cuando su bebé empieza a tomar comida sólida, lo pasa muy bien tratando de coger trocitos de comida con el pulgar y el índice. No se preocupe por el desorden. Esta divertida actividad fortalece la vista y los dedos.

Dulce gelatina

Haga cubos de gelatina. A su bebé le encanta coger la gelatina y que se escurra por el plato.

Cargar y descargar

En cuanto su bebé pueda sentarse solo, siéntele en el suelo para jugar a lanzar cosas. Use un recipiente de plástico y una pelotita, una pieza de construcción o un juguete pequeño. Haga que el bebé tire la pelota al recipiente. Es posible que, al principio, necesite ayuda. Después, haga que vacíe el recipiente. ¡Querrá hacerlo una y otra vez!

Pintar con los dedos

Ponga en una fuente o bandeja de horno una pequeña cantidad de alimento blando, suave (p. ej., yogur, puré de zanahoria) y deje que el bebé «pinte» con los dedos. Todo vale si se come la «pintura».

Sorber fideos

Dele al bebé una pequeña ración de fideos cocidos y fríos. Deje que el bebé aparte unos pocos. Es una forma divertida de practicar con los dedos y de comer al mismo tiempo (no pierda de vista al bebé mientras esté comiendo).

Vertido de cereales

Ponga cereales en una botella de plástico. Vea si su bebé descubre cómo volcar la botella para tomarse los cereales.

La hora del baño

Haga que la hora del baño sea divertida. Es un buen momento para practicar cogiendo agua, vertiéndola y dejándola escurrir. Ponga en el baño tazas, jarras, esponjas y palas de plástico. ¡Menuda diversión acuática y burbujeante!

4-8 meses

Su pequeña y atareada aprendiza está muy preocupada por hacer que las cosas funcionen. Encontrará el juguete escóndido y tratará con todas sus fuerzas de alcanzar algo que no está a su alcance. A esta edad, el bebé ya reconoce cuándo el tono de voz es amistoso o airado y prefiere los sonidos agradables. También le encantan los juegos de esconder y mostrar cosas.

¿Dónde está?

Cubra su cara o un juguete que le guste a la niña mientras ella la observa. Pregunte: «¿Dónde está mamá?». Asome la cara y diga: «¡Aquí estoy!». Tape la muñeca o el osito del bebé. Pregunte: «¿Dónde está el osito?». Retire el paño y diga: «¡Aquí está!».

Barcos en el baño

Ponga una flota de tarrinas de plástico en el baño del bebé. Le encanta ver cómo se hunden las cosas, cómo flotan, vuelcan y se vierten.

Reacciones

Dé a la niña unos juguetes con sonido, para empujar y mecánicos. Deje que descubra cómo hacer para que funcionen. Comparta la sorpresa del bebé. «¡Anda! ¡Mira lo que ha pasado!».

Ocultar un juguete sonoro

Esconda bajo una manta un juguete u objeto que haga ruido, como un timbre, mientras la niña observa. Bajo la manta, alcance el objeto y haga que suene. Deje que trate de encontrarlo. Después, esconda el juguete a un lado y, más tarde, detrás del bebé. Haga que lo busque.

Hacer música

Dele al bebé una cuchara o un bloque de construcción para cada mano. Enséñele a tamborilear con los objetos sobre la mesa o sobre la bandeja de la trona mientras usted canta una canción. Cante en voz alta y dando golpes fuertes; después, hágalo todo muy suave.

Esconda al bebé

Es una versión muy divertida del escondite de cosas. Mientras dobla la ropa lavada o seca los platos, tape al bebé con una sábana, toalla o paño. Diga: «¿Dónde está la nena?». Espere un segundo y tire del paño. «¡Sorpresa! ¡Aquí está la nena!».

El cajón de arena

En una bandeja o recipiente pequeño, deje que el bebé toque harina de maíz o de trigo. Mientras hace esto, háblele de lo que siente y enséñele a sentirla con los dedos. «¡Qué suave!».

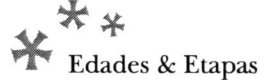

Habilidades personales y sociales

4-8 meses

A esta edad, el bebé ya conoce muy bien a sus papás por lo que levantará los brazos cuando los vea. Es posible que empiece a inquietarse cuando se le acerquen personas extrañas. Le gusta jugar con su imagen en el espejo y, siempre que se sienta seguro, será muy sociable.

Una taza para el bebé

Dele al bebé una taza de plástico. Ponga en ella un poco de agua y observe lo que hace. Probablemente disfrute tratando de beber. Déjele que experimente.

Conciencia corporal

Su bebé está descubriendo diferentes partes de su cuerpo y probablemente muestre gran interés por sus pies y sus manos. Anímele a que juegue con los dedos de las manos y de los pies. Háblele de su cuerpo cuando se toque los pies. Dígale: «¡Has encontrado los pies!».

Comer solo

Anime al bebé a que coma alimentos que pueda tomar sin dificultad, como galletas o cereales. También puede dejarle que sostenga una cuchara mientras le da de comer con otra. Haga como que comen por turnos: usted come un poco y después le ofrece la comida al niño. Así comprenderá que tiene que llegar a comer solo.

El poder del susurro

Acune, pasee o baile susurrando palabras agradables al oído de su hijo. Esto le ayuda a tranquilizarse y le muestra otra forma de comunicarse con voz suave y amorosa.

La hora social

Invite a otra madre o padre y a su bebé a jugar con su hijo. Cuando los bebés se observan, tratan de explorarse mutuamente, hacen importantes descubrimientos acerca de las personas de carne y hueso. Permanezcan al lado de los bebés de manera que no se hagan daño mientras hacen sus exploraciones.

Adiós con la mano

Diga «adiós» moviendo la mano cuando salga un momento de la habitación. Mientras mueve la mano, dígale al bebé a dónde va. «Voy a tu cuarto a coger tu manta. Ahora vuelvo. Adiós».

Caras en el espejo

Sitúese ante un espejo con el bebé y háblele de las partes del cuerpo como los ojos, la nariz y las orejas. Tóquese la nariz y diga: «¡La nariz de papá!». Toque la nariz del bebé y diga: «La nariz del bebé». «Los ojos de papá, los ojos del bebé». Siga jugando así mientras parezca interesado.

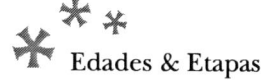

8-12 meses

Entre los 8 y los 12 meses, los pequeños conocen muchos sonidos diferentes y tienen muchas cosas que decir. Les gusta jugar con sonidos como «ba, ba, ba» y están aprendiendo que algunos sonidos se relacionan con personas especiales, como «papá». Ya entiende algunas palabras e instrucciones y pronto dirá los nombres de personas o cosas conocidas.

Seguir instrucciones

Ayude a su bebé a aprender a escuchar y seguir instrucciones sencillas. Pruebe con mandatos como: «Llama a la abuela», «lávate la barriguita» o «ten el pañal». Cuando el bebé responda o siga la instrucción, hágale saber que se ha dado cuenta de ello: «Gracias por sostener el pañal».

La hora de la compra

Cuando vaya a la tienda y lleve a la niña, háblele de lo que ve. Déjele que sostenga una caja o que ponga artículos en el carrito. Señale los letreros y léaselos. «Ese cartel dice 'manzanas'. Vamos a coger unas cuantas manzanas rojas».

El juego del teléfono

Háblele a su hija por su teléfono de juguete o por un móvil viejo. Si tiene dos teléfonos, puede utilizar ambos y su bebé se divertirá mucho manteniendo una conversación como los mayores.

El vals del sueño

A la hora de la siesta o por la noche, sostenga a su hija y baile con ella una música tranquila. Es probable que su bebé haya empleado gran parte del día en explorar cosas. Ahora necesita que la abracen. Esto comunica sensación de proximidad e intimidad.

Horas tranquilas

Cuando el bebé esté despierto y alerta, apague la radio y la televisión, de manera que sólo oiga su voz. Esto le ayudará a escuchar con más claridad los sonidos de las palabras. Tararee y cante sólo porque el bebé le escuche. Pregúntele: «¿Puedes oír un pájaro?». «¿Puedes oír el reloj?».

Juego del balbuceo

Cuando su hija haga un sonido como «ba», repítale el sonido: «ba, ba, ba». Su bebé lo pasará muy bien jugando con los sonidos y manteniendo una conversación.

Aplauso, aplauso

Cuando el bebé haga algo nuevo o divertido, dele la mano. Aplauda y diga: «¡Sí!». Al bebé le encanta que le presten atención y, probablemente, también aplauda.

Lectura de aventuras

Léale todos los días. Abrácela, acérquese y haga que este rato sea muy especial. Señale las ilustraciones de los libros o pídale que busque algo: «¿Dónde está el gato?».

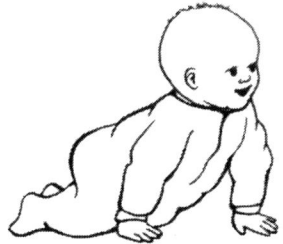

8-12 meses

Para el bebé, éste es un período muy activo. Ahora, se levanta, se apoya en los muebles, gatea y trepa hasta lugares a los que antes no llegaba, y está a punto de andar. De hecho, es probable que ande si alguien lo lleva de la mano y puede que dé unos pasos sin ayuda. El bebé se mueve.

Dinero en el banco

Guarde los tapones plásticos de botellas o tarros para utilizarlos como «dinero». Como ya puede sentarse solo, déjele que guarde estas piezas redondas en un recipiente transparente. Después, agite el recipiente y haga mucho ruido. Vacíe el recipiente y guarde de nuevo el «dinero» en el banco.

Pataleo, pataleo

Cuando le esté cambiando de pañal o preparándole para ir a la cama, si patalea, cante al mismo ritmo. Cuando deje de patalear, deje de cantar. Cuando vuelva a patalear, vuelva a cantar. Esto desembocará en un juego divertido. Su bebé no sólo ejercitará sus músculos, sino que será él quien mande en el juego.

Alcanzar cosas como diversión

Si su bebé se pone de pie solo, coloque algunos de sus juguetes favoritos en una mesa baja y déjele que se estire para alcanzarlos. Esto le servirá de práctica para mantener el equilibrio. También le servirá para aprender ciertas ideas, como las de «cerca» y «lejos».

Lluvia en la bañera

Tome un pequeño recipiente de plástico, hágale unos agujeros y deje que su bebé lo llene de agua durante el baño. Ayúdele a sostenerlo y a descubrir la «lluvia» mientras usted lo vigila.

Andando

Una vez que su bebé haya empezado a andar, querrá hacerlo con mucha frecuencia. Enséñele a sostenerse en una sillita o taburete que pese poco y a llevarlo arrastrando por la habitación. Las cajas sólidas de cartón también sirven para empujarlas, como el cochecito de su muñeco. Deje que su bebé empuje el cochecito cuando lo lleve a pasear.

Explorando túneles

Mientras dobla la ropa recién lavada, extienda una sábana sobre una mesa o entre los respaldos de dos sillas. Deje que su pequeño explorador gatee por el «túnel». Cuando no lo vea, llámele. Después, cuando se encuentre con usted, salúdele con sorpresa.

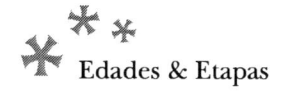

Motricidad fina

8-12 meses

Los pequeños de 8 a 12 meses están empezando a sujetar trocitos de comida con el pulgar y el índice. Puede sacar cosas de un recipiente, como cucharas de un cuenco de plástico, también pueden golpear un juguete contra otro. Si se les da una pintura de cera y un papel, pueden tratar, incluso, de imitarnos, haciendo garabatos.

Juego de tacto

Prepare un juego táctil con una caja de cartón, con diversos objetos para tocar, sostener y golpear; por ejemplo, un biberón de plástico vacío, un cuadrado de tela de terciopelo y una esponja. Deje que el bebé introduzca la mano en la caja y agarre algo. Háblele de lo que tenga en la mano. Este ejercicio se utiliza para desarrollar la motricidad fina y también para ayudar a descubrir diferentes texturas.

Aplausos

Ayude al bebé a juntar las manos y aplaudir. Júntele las manos y luego escóndalas bajo una manta. La niña querrá sacarlas y volver a aplaudir.

La pelota

Use una pelota pequeña y blanda o haga una con calcetines enrollados y juegue a atraparla con el bebé. En realidad, él todavía no podrá atrapar la pelota, pero lo pasará muy bien tratando de lanzarla y alcanzarla.

Rompiendo papeles

Si al bebé le gusta romper papel, ponga en el interior de una papelera o caja grande algunas revistas viejas y papel de embalar. Deje que la niña rompa lo que quiera. Si prefiere meterse en la boca bolas de papel, retire la caja y pruebe de nuevo cuando hayan pasado algunas semanas.

Palos y piedras

Vaya a dar un paseo con su hija. Anímela a que eche piedras en un cubo o bolsita de papel. Enséñele ramitas y hojas y háblele del color o el tamaño: «Mira, esta hoja grande es muy bonita». (Preste atención a lo que la niña pueda llevarse a la boca).

Golosinas en un tarro

Meta en un tarro de plástico con cierre de rosca o en una tarrina de mantequilla con cierre a presión, algunos copos de cereales o golosinas. Ponga la tapa de manera quede floja. Deje que el bebé quite la tapa (es posible que tenga que enseñarle a hacerlo) y saque el cereal. Pronto lo hará solo.

El libro de acostarse

Una forma estupenda de disponerse a ir a la cama es acurrucarse y leer libros con su bebé. Ayúdele a dar la vuelta a las páginas de algún libro. Háblele sobre las ilustraciones y disfrute de ese tiempo especial.

Resolución de problemas

8-12 meses

A medida que el bebé aprende lo que son las cosas, le gusta separarlas juntando las que son iguales. Puede localizar las piezas de un rompecabezas o las anillas entre un montón de juguetes. Está aprendiendo a encontrar objetos ocultos bajo una manta. Disfruta mirando las ilustraciones de un libro y le divierte cuando se las nombramos. Ha estado tan ocupado explorando cosas que probablemente ahora conozca la palabra «no».

Juego rítmico

Utilizando bloques pequeños o cucharitas, trata de tamborilear sobre la mesa o golpear un juguete con otro para hacer sonidos. Canta y baila un poco. Al bebé le gusta la música.

Tirando del pañuelo

Ate varios pañuelos de colores. Inserte un extremo en un tubo de cartón y deje que su bebé tire de los pañuelos sacándolos del tubo. ¿Es capaz el bebé de volver a meter los pañuelos en el tubo?

Esconder y buscar

Esconda un reloj cuyo «tictac» se oiga o una radio pequeña bajo una almohada o manta. Deje que su bebé escuche para que descubra el sonido: «¿Lo oyes?». «¿Dónde está?».

El tercer juguete

Dele a su bebé un tercer juguete cuando tenga uno en cada mano. Vea si puede imaginar alguna manera de sujetar el tercer juguete y sostener los tres. Si ahora le resulta demasiado difícil, inténtelo otra vez pasadas unas semanas.

Dentro y fuera

Introduzca un copo de cereal en un recipiente transparente de plástico o en un biberón sin tapa. Cuando el bebé trate de sacarlo, aprenderá las ideas de «dentro» y «fuera». Otra forma de presentar al bebé estas ideas es utilizando un cajón grande a donde pueda entrar gateando y del que pueda salir.

Pequeñas carcajadas

Hacia los 11 meses, su bebé empezará a desarrollar el sentido del humor. Haga algo divertido, como tratar de beber del biberón o como que se pone el zapato del bebé cuando se esté preparando para salir. Es probable que se ría a carcajadas.

Tazas mágicas

Ponga una taza y un juguete pequeño en una bandeja. Esconda el juguete debajo de la taza y pregúntele: «¿Dónde está el juguete?». Si no lo encuentra, levante la taza y muéstrele dónde está. Dígale: «¡Lo encontraste!». Haga esto varias veces. Pronto aprenderá a levantar la taza y encontrar el juguete sin ayuda. Más tarde, añada otra taza. Vea si el bebé puede recordar qué taza esconde el juguete.

Edades & Etapas

8-12 meses

Habilidades personales y sociales

8-12 meses

Es posible que los niños de 8 a 12 meses sientan miedo ante los extraños y prefieran estar solos con alguien conocido. Les encanta explorar su entorno y, por su seguridad, necesitan de constante vigilancia. Muestran lo que les gusta y lo que no y demuestran afecto a su familia e, incluso, a un juguete favorito. Podemos ayudarles a vestirse, pero les gusta hacer las cosas por su cuenta.

La hora del baño

Cuando su hija se esté bañando, dele una manopla de baño. Anímela a que se lave con ella. Después, deje que ella misma se vista metiendo la mano por la manga. Tenga paciencia; estas destrezas de autoayuda requieren mucho tiempo y práctica.

Sígueme

Es probable que su bebé esté aprendiendo a disfrutar con la imitación. Estimule este aprendizaje enseñándole a jugar con usted a «seguir al líder». Haga movimientos sencillos, como tamborilear sobre la mesa o ponerse una gorra. Hable de lo que haga. Diga: «Te toca a ti», y compruebe si su bebé le sigue. Después cambie el papel de líder con su hija.

Tiempo de fiesta

Es fácil que su bebé disfrute observando cómo juegan los niños mayores. Esto le resulta especialmente divertido cuando están jugando sus hermanos o hermanas mayores. Si hay otros bebés de su edad en el barrio, se divertirá jugando con ellos. Al principio, se entretendrán observándose. Más tarde, aprenderán a jugar juntos.

La pequeña ayudante

Dele a su hija una esponja húmeda y déjele que la pase por la mesa, las sillas, el suelo, las paredes y las puertas. Con esta actividad, puede pasarlo muy bien mientras usted ultima la comida o lava los platos. Dígale al bebé: «Gracias por ayudarme».

La hora de la merienda

Su bebé lo pasará muy bien tomándose algo, sin ayuda, a la hora de la merienda. Dele alimentos variados y sencillos, como galletas, trozos de fruta o queso. También disfrutará bebiendo algo en un tazón con un poco de ayuda.

Espejito, espejito

Cuando tenga un momento en casa o mientras haga algún recado, deténgase y anime a la niña a que se mire en un espejo. Ponga caras raras. Dígale lo mayor que se va a hacer.

Juego «A rodar»

Sentados en el suelo, haga rodar una pelota pequeña hacia el bebé; después, pídale que se la devuelva de la misma manera. Háganlo otra vez. Después, un poco más rápido. Puede ser un juego muy divertido para practicarlo con un hermano o hermana mayor.

Edades & Etapas

8-12 meses

Comunicación

12-16 meses

A esta edad, el balbuceo del bebé va pareciéndose más al lenguaje hablado. Dice «mamá» y «papá»; en realidad, es lo que quiere decir; está empezando a aprender los nombres de las cosas. Si no está contento, puede decir «no». Como está muy ocupado aprendiendo a andar, el uso del lenguaje puede frenarse un poco. Combina una palabra con una indicación o gesto que los papás saben muy bien a qué se refiere.

Los sonidos ocultos

Enseñe al bebé tres cosas que hagan ruido, como un juguete con sonido, varias cucharillas y un sonajero. Deje que el bebé juegue un rato con ellos. Después, escóndalos bajo una caja o paño y haga ruido con alguno. Retire el paño y pregunte al bebé: «¿Cuál ha hecho el ruido?». Vea si puede adivinarlo.

La hora de la tranquilidad

Durante los fines de semana o en algún momento en que no esté muy ocupada, dedique algún tiempo a estar con el bebé en un sitio tranquilo, sin radio y sin televisión, si puede ser al aire libre. Hable con el bebé de lo que están haciendo o sobre lo que haga él. Intente que el bebé escuche su voz y vea su cara mientras le dice palabras suavemente. Dígale que es muy especial. Cuando el bebé hable, anímele. Mantengan una conversación.

Palmadas con ritmo

Mientras escuchan música, enseñe al niño a moverse y a dar palmadas siguiendo el ritmo; disfrutará moviéndose al compás. Emplee distintos tipos de música, como *rock and roll*, *country* y música clásica.

Escuchar al teléfono

Cuando llame papá, mamá o la abuela, dígales que dediquen unos minutos a hablarle al bebé. Es probable que éste no les responda, pero le encantará oír la voz de una persona por el teléfono.

A hablar

Cuando realice las tareas domésticas o coma con el niño, dígale lo que esté haciendo. Anime al pequeño a usar dos palabras juntas para hacer oraciones simples, como «ayúdame» o «más zumo». Esta etapa del lenguaje desembocará en el habla.

El pequeño lector

Léale todos los días a su bebé. Abrácelo y haga que sea un momento especial. Señale las ilustraciones que ve en el libro y nómbrele las cosas. A veces, pregúntele por algo: «¿Dónde está el gato?». Al principio, necesitará ayuda.

Un gran ayudante

Su bebé puede ayudarle mucho. Dele instrucciones sencillas: «Dame una servilleta, por favor». «Dame tu camiseta». Puede ser que al principio necesite que le señale las cosas o que le ayude. Para finalizar dígale: «Me has ayudado mucho. ¡Muchas gracias!».

Edades & Etapas

12-16 meses

Motricidad gruesa

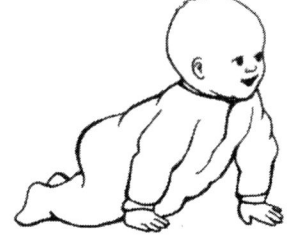

12-16 meses

En esta etapa, los niños se mueven con rapidez por la casa. Pueden mantenerse de pie, andar apoyándose en los muebles e incluso sin ayuda. Tratarán de subir escaleras por lo que habrá que estar muy pendientes. Al bebé le encanta empujar cosas y tirar de ellas y cada día está más fuerte.

Vamos a dar un paseo

Al bebé le encanta ir de paseo y descubrir cosas nuevas. Háblele de lo que vean. En una zona abierta, deje que empuje su cochecito. Disfrutará mucho con la sensación de poder que le da el mover algo grande. Vigile para que mantenga el cochecito en una zona segura.

A mecerse

Ofrézcale la experiencia de mecerse en un caballito de balancín o en una mecedora. Siéntela en su regazo y mézala con su cuerpo. Juegue sentándola frente a usted en el suelo. Sujétela suavemente las manos, empújela y tire de ella, y ella de usted. Cante una cancioncilla como «adelante y atrás, adelante y atrás», mientras se mueven.

La hora del túnel

Extienda una sábana o colcha sobre una mesa o dos sillas, de manera que forme un túnel. Anime a su hija a que gatee por su interior. «Venga, ¡atraviésalo!». «¡Adelante!». «¡Hazlo!». Los hermanos también lo pasarán bien jugando al túnel.

Rodar la pelota

A su niña le gusta jugar a la pelota. Puede sentarse a cierta distancia frente a ella y mandarle una pelota rodando. Anímela a que se la devuelva del mismo modo. Cuando lo haga, apláudale. Si la pelota es grande y blanda (como un balón de playa), puede tratar de agarrarla.

Un paseo agarrado al dedo

Dé un pequeño paseo con el bebé agarrado a su dedo. La niña después puede escoger entre seguir agarrada a su dedo o ir suelta. Háblele de lo que vean y dígale adónde van. «Vamos hacia esas flores», «vamos al vestíbulo» o «¡eres una buena caminante!».

La fiebre del baile

Ponga música alegre y enseñe a bailar a su hija. Muévase y gire, dé palmadas y pise fuerte. Pruebe con tipos de música diferentes. Agite pañuelos y cintas. Hagan una fiesta bailando.

Edades & Etapas

12-16 meses

Motricidad fina

12-16 meses

En este período, el bebé utiliza los dedos con más destreza. Señala con el dedo índice y es capaz de coger pequeños trocitos de cereales con el pulgar y el índice. Puede sostener un rotulador y hacer rayas con él; también puede agarrar objetos pequeños, como fichas encajables, y colocarlas en el lugar correspondiente del tablero.

Un artista en ciernes

Deje que su hijo le haga un dibujo con un lápiz y un gran pliego de papel. Déjele con toda libertad. Es posible que el bebé sólo haga unas pocas marcas, pero dedíquele grandes elogios: «¡Mira qué cuadro has hecho!». Cuando hayan acabado, retírele el rotulador. Su bebé no sabe aún que usted sólo quiere ver las marcas en el papel.

Lanzamiento de pelota

Estimule al niño para que practique el lanzamiento de una pelota pequeña y blanda. Haga que se quede en pie en un sitio y lance la pelota. Pruebe de nuevo, a ver a qué distancia llega. Al principio, es posible que necesite que le enseñe a lanzar la pelota. «¡Vaya!, ¡qué lejos ha llegado!».

Construcciones con envases de leche

Enjuague y guarde los envases de leche para utilizarlos como bloques de construcción. Enseñe al bebé a apilarlos y derribarlos. Alinéelos para hacer un muro y derríbelo después.

Cinta pegajosa

Haga una bola de cinta adhesiva, con la parte adhesiva hacia afuera. Désela al bebé para que juegue con ella. Este juego es muy entretenido y le proporciona un ejercicio muy bueno para estimular el movimiento de los dedos.

A escurrir

Dele al bebé una esponja para jugar en el baño. Enséñele a escurrirla. También puede dejar que juegue con juguetes de plástico que suelten agua. ¡Es muy divertido!

Llenar y vaciar

Dele al bebé un recipiente o caja de plástico y algunas cosas como una pinza de ropa, una cuchara, un cochecito de juguete y un carrete. Compruebe que todos los objetos son suficientemente grandes y que no presentan ningún peligro. Enséñele a meterlos en el recipiente y a vaciarlo. Mañana, cambie el recipiente o los objetos.

La hora de la biblioteca

Cada dos semanas, más o menos, reserve tiempo para ir a la biblioteca. Escoja libros nuevos con su niño. Lean juntos los cuentos, háblele de los personajes y pasen las páginas por turnos señalando las ilustraciones. ¡Qué buen momento para estar juntos!

Edades & Etapas

12-16 meses

Resolución de problemas

12-16 meses

Los niños de 12 a 16 meses son exploradores incansables. Lo pasan muy bien con sus juguetes, apilándolos y jugando con ellos. Están descubriendo las partes de su cuerpo y es probable que, si se les pregunta, señalen, al menos, una. Les gustan los libros y señalarán, dando «palmaditas», su ilustración preferida. Tratarán de ayudarle a pasar las páginas del libro. Disfrutarán descubriendo cómo funcionan las cosas.

Dinero en la hucha

Haga una hucha con un recipiente de plástico. Corte una ranura de 1,25 mm de ancho, en la tapa. Utilice como «monedas» tapones de botellas o recorte círculos de cartón. Enseñe al bebé a meter estas «monedas» en la hucha.

Pintura con agua

Dele a su hija un pincel limpio y un pequeño recipiente con agua. En un día soleado, salgan al aire libre y déjela que pinte las paredes, la acera o la valla con agua. Su hija disfrutará mucho con esta «pintura». Después, puede observar cómo se seca y pintar de nuevo. Pruebe esto mismo con un pincel pequeño y un pliego de papel. ¡Vean cómo desaparece la pintura!

Resolver problemas

Deje que su hija imagine cómo funcionan las cosas y qué hacen. Enséñela a encender y apagar la luz. Enséñele cómo funciona la linterna. Háblele de lo que esté haciendo y por qué: «Me estoy poniendo el abrigo porque tengo frío».

El pequeño cazador

En horas tranquilas, pida a su hija que busque la manta o traiga un libro de otra habitación. Pídale que coja cosas que no pueda ver en ese momento. Quizá necesite algo de ayuda. Cuando la niña lo haga bien, no se olvide de darle las gracias.

Juego de los emparejamientos

Los niños de esta edad empiezan a darse cuenta de cuándo son similares dos cosas, sobre todo, los zapatos, los calcetines u otros objetos que conocen bien. Enséñele un zapato o un calcetín y pregúntele: «¿Dónde está el otro que es igual que éste?». Ayúdele a emparejarlos y dígale cuando lo encuentre: «Sí, los dos son iguales».

Cópiame

Juegue con su hija a este juego: haga algo y después trate de que ella la imite. Dé una palmada. Si lo hace, diga: «¡Mira, tú también das palmadas!». Tóquese la nariz, saque la lengua y diga: «¡A ver tú!». Cuando ella haga algo nuevo, imítela. Hagan el tonto y diviértanse. También pueden hacer estas cosas con un espejo.

Edades & Etapas

12-16 meses

Habilidades personales y sociales

12-16 meses

En este período de 12 a 16 meses, el bebé es sociable, le gusta hacer rodar la pelota y jugar a distintos juegos interactivos. Necesita saber que sus papás están cerca. En realidad, les encanta ser el centro de atención. Demostrarán su enorme afecto, pero pueden coger una gran rabieta si las cosas no se desarrollan como quieren. Están orgullosos de sus nuevas destrezas y quieren aprender a hacer las cosas por su cuenta.

Disfraces

Es muy posible que su bebé disfrute poniéndose distintos gorros y zapatos y mirándose al espejo. Haga una caja de disfraces con pañuelos, corbatas y máscaras divertidas. Añada de vez en cuando cosas nuevas.

Ayudar en casa

Su bebé puede ayudar a hacer pequeños trabajos en casa, como limpiar la mesa con una esponja, revolver la masa de los *crêpes* (con su ayuda) o barrer el polvo con una escoba pequeña. El bebé disfrutará haciendo algo especial para usted. No olvide elogiarlo por su ayuda.

Cepillarse los dientes

El bebé tendrá su propio cepillo de dientes. Deje que le vea a usted o a sus hermanos cómo se lavan los dientes. Ponga un poquito de pasta dentífrica (sin flúor) en su cepillo, para que el bebé pruebe su sabor. No espere que se cepille mucho; es probable que masque las cerdas para aprender algo de este objeto nuevo y quizá tenga usted que acabar la tarea. Asegúrese de guardar el cepillo del bebé en un lugar limpio y seguro hasta la siguiente ocasión.

Al mercado

Lleve al bebé con usted al supermercado, de manera que le «ayude». Háblele sobre los colores y los olores de los productos. Deje que el bebé tome algo, como una lata pequeña o un limón. Deje que el bebé «pague» a la cajera. ¡Qué buen ayudante!

El escondite

En casa, jueguen al escondite, ocultándose usted tras una puerta, llamando al bebé y asomándose para que pueda «encontrarla». Es fácil que los hermanos también se diviertan jugando al escondite con él. El juego ayuda al bebé a comprender que, si usted desaparece, puede volver a aparecer.

El baño del bebé

Cuando le bañe, déjele que también él bañe a una muñeca de plástico. Enséñele a ser delicado con la muñeca. Después, deje que seque y abrace a la muñeca. Así le enseñará a ser cariñoso.

La hora de recoger

Pida al bebé que le ayude a recoger los juguetes. Necesitará una caja o cajón donde colocarlos. Enséñele a recoger los juguetes y dónde hay que ponerlos. ¡Un buen ayudante!

Edades & Etapas

12-16 meses

Comunicación

16-20 meses

De los 16 a los 20 meses, los niños están empezando a disfrutar con el lenguaje y las palabras. Conocen muchas palabras nuevas y están comenzando a unir dos palabras para formar oraciones sencillas. Nos miran cuando les hablamos, dicen «hola» y «adiós» y señalan las cosas que quieren. También disfrutan cantando y tratarán de imitar el sonido de sus canciones favoritas.

Andamios para la conversación

Su hija utilizará palabras aisladas para pedir cosas, como «zumo» cuando quiera beber algo. Ayúdela a formar una oración, diciéndole: «¿Quieres zumo?». «Di: quiero zumo, por favor». Apláudale cuando trate de alargar su oración.

¿Qué ha pasado hoy?

Cuando llegue a casa, pida a la niña que le cuente a otra persona lo que haya sucedido o lo que hayan visto: «Cuéntale a la abuela cómo era el caballo que vimos». Ayúdela si es preciso, pero déjala que cuente todo lo que pueda.

Juego de «ayúdame»

Pida a su niña que le ayude dándole instrucciones sencillas como: «Ayuda a papá. ¿Puedes darle el zapato?», «es hora de cambiar el pañal. ¿Puedes darme un pañal?» Al principio, es posible que tenga que ayudarle señalando el objeto con el dedo. Después, no olvide decir: «Muchas gracias. Me has ayudado mucho».

Sonidos de animales

Enseñe a la niña los sonidos que hacen ciertos animales, como gatos, perros y vacas. Léale libros sobre crías de animales y juegue con ella a hacer los sonidos de esos animalitos. Más tarde, haga como si usted fuese el animal adulto y su hija la cría. Llámense con sonidos de animales. Este juego es muy divertido.

Leer, leer, leer

Reserve tiempo para «leer» a lo largo del día. A esta edad, puede señalar las ilustraciones y las palabras y su hija comenzará a aprender de qué palabras se trata. En el supermercado, señale y lea los carteles. En el restaurante, deje que la niña «lea» la carta. En casa, ayúdela a «leer» revistas mirando las fotos.

El cajón de los trastos

Reúna en un cajón cosas cotidianas para examinar y tocar: tazas de plástico, un calcetín suave, un vasito, una esponja, un zapato pequeño. Cuando su hija saque algo de la caja, diga: «Mira, has encontrado un calcetín azul», o «esta esponja es blanda». Use palabras nuevas para hablar con ella y cambie cada pocos días los objetos.

Motricidad gruesa

16-20 meses

En esta etapa, a los niños les encanta correr. Pueden trasladar o arrastrar por el suelo juguetes y objetos grandes como cajas. Están aprendiendo a subir escaleras con ayuda y se desenvuelven mejor al bajarlas. Pueden subirse a una silla para ver y conseguir cosas nuevas. En este momento, conviene no perderlos de vista.

El columpio

Lleve al niño a los columpios del parque. Compruebe que tengan cinturón de seguridad. Enséñele a impulsarse con los pies al ir hacia adelante. Empújele con suavidad de manera que el niño pueda sostenerse. Cante al ritmo de sus impulsos: «¡Arriba, arriba!».

A subir escaleras

Dele la mano al niño mientras sube algunos escalones. Tenga paciencia: los escalones son muy altos para unas piernas tan cortas. No espere que las cosas vayan muy bien al bajar. Si en su casa no tiene escaleras, en el parque habrá sitios para practicar, como un pequeño tobogán.

La barra de equilibrio

Ponga en el suelo o en la acera una tira de cinta adhesiva de 5 cm de ancho. Haga que el niño camine siguiendo la cinta, poniendo un pie detrás del otro. Apláudale. Dígale: «¡Hay que ver lo bien que guardas el equilibrio!».

Persecución

El niño está empezando a correr. En un parque que no suponga un peligro, juegue a perseguirse. A los niños les suele encantar que los atrapen y les gusta que los abracen. ¡A los niños les gusta hacerlo una y otra vez! Es un buen ejercicio.

Día de mudanza

Dele un carrito o una caja con una cuerda con la que pueda tirar de ella para llevar los juguetes de un sitio a otro. El pequeño puede cargar el carrito y descargarlo en otro sitio. ¡A lo mejor el osito de peluche quiere darse una vuelta!

Música, maestro

También le encanta tocar y moverse con la música. Puede ser muy divertido jugar con un pequeño teclado o un tambor. Puede hacer un tambor con un recipiente grande de plástico y cucharas de madera o palillos. Júntese con él para tocar música. Por turno, toquen y bailen a distintos ritmos.

Jugar a la pelota

Dele una pelota pequeña (15 cm) y enséñele a golpearla. También puede hacer una pelota con una bola de papel de periódico envuelta en cinta adhesiva. Compruebe la distancia que puede recorrer al golpearla. ¡Lánzala y recógela!

Edades & Etapas

| 16-20 meses |

Motricidad fina

16-20 meses

Los niños a esta edad están adquiriendo mayor habilidad con las manos y los dedos. Pueden jugar con los juguetes y utilizarlos de muchas maneras, por ejemplo, apilándolos, golpeándolos, tirando de ellos y empujándolos. También están adquiriendo mayor habilidad para sostener y utilizar lápices de colores o rotuladores. Saben retirar piezas de un rompecabezas sencillo y tratan de volver a ponerlas en su sitio.

Partiendo las hojas de lechuga

Después de lavarse las manos, enseñe a su niña a partir las hojas de lechuga y ponerlas en una fuente honda. No olvide decir a toda la familia quién ha hecho la ensalada (es muy probable que a la niña también le guste romper a tiras las hojas de periódico. Guárdelas en una bolsa, péguelas y haga una pelota).

Apuntar y lanzar

Enséñele a lanzar una pinza o cuchara en una caja de leche abierta o en un recipiente de plástico de boca ancha. Jueguen a esto mientras disfrute haciéndolo. Déjala que sacuda el recipiente y disfrute con el sonido.

Apilar bloques

Deje a la niña que juegue con cubos o bloques de madera. Enséñele a apilarlos. Construya una torre. Cuente los bloques en voz alta a medida que los vaya colocando, de manera que empiece a oír el sonido de los números. Le encantará derribar la torre. Asimismo, puede utilizar pequeños recipientes de plástico para apilarlos.

Ensartar cereales

Dele a la niña un recipiente pequeño con cereales redondos y un cordón de calzado limpio o un trozo de cuerda con cinta adhesiva en el extremo para que sea pegajoso. Enséñele a ensartar los cereales. Después, ¡cómanselos!

Manteles individuales

Asegúrese de que la pequeña tenga múltiples oportunidades de practicar la escritura y el dibujo. Puede guardar papel y pinturas lavables en la cocina, de manera que pueda supervisar lo que haga mientras prepara la comida. Utilice sus dibujos como manteles individuales para la familia. Insístale en que sólo hay que escribir en el papel.

Ayudante para preparar la merienda

Deje que le ayude a preparar un bocadillo. Con su ayuda y supervisión, puede desenroscar el tapón de la botella de zumo o de la leche. Ayúdele a coger la mantequilla y extenderla con un cuchillo de plástico sobre el pan. Por último puede ayudar a comérselo. ¡Está bueno!

Resolución de problemas

16-20 meses

En esta etapa, los pequeños reconocen los dibujos de animales y otras clases de imágenes, como las fotos de los miembros de la familia. Con ayuda, lo pasan muy bien con actividades nuevas como pintar y jugar con pasta de modelar. Están empezando a descubrir las cosas que son similares o que van juntas de alguna manera. Son muy curiosos y les interesa saber el funcionamiento de las cosas.

Mono de imitación

En un pliego grande de papel, dibuje y haga garabatos con el pequeño. Establezcan turnos. Usted hace un garabato y, después, le deja que lo haga él. Usted dibuja una línea y, después, le deja que lo haga él. A continuación, cédale el turno y, después, copie sus garabatos.

Encajar cosas

Dele al niño la oportunidad de jugar con rompecabezas o juguetes en los que haya que encajar piezas, bien uniéndolas o insertando unas en otras. También son muy divertidos los recipientes de plástico para encajar. Siempre que pueda, utilice la palabra «encajar»: «Esa pieza encaja en el rompecabezas».

La hora de las herramientas

Déjele que juegue o haga tareas en las que haya que utilizar herramientas. Por ejemplo, use una esponja para secar una silla.

Use un colador para jugar en la arena. Utilice tazas de diferentes tamaños para llenar recipientes en la bañera.

Emparejar calcetines

Cuando doble la ropa limpia, aparte algunos calcetines, tanto grandes como pequeños. Enseñe a su hijo un calcetín de un par y pídale que encuentre el otro. Enséñele a emparejarlos. Pregúntele: «¿De quién son estos calcetines azules grandes?». «¿De quién son estos calcetines verdes pequeños?».

Un paseo por la naturaleza

Dé un paseo con el pequeño por el barrio y recojan cosas pequeñas, como piedras y hojas, en un recipiente o cubo de plástico. Cuando lleguen a casa, traten de reunir las cosas en grupos diferentes. Por ejemplo, ayúdele a separar las piedras grandes de las pequeñas, las piedras de las hojas o las piedras negras de las blancas, vigilando para que no se meta nada en la boca. Así, el niño aprenderá a agrupar objetos.

Emparejar imágenes

Recorte imágenes de juguetes, alimentos y otros objetos conocidos y péguelas en fichas. Pida al pequeño que trate de emparejar las fichas con los objetos reales o viceversa. Enséñele una imagen de un cepillo de dientes. Pregúntele: «¿Dónde hay un cepillo de dientes como éste?». Después, enséñele la imagen de una silla: «¿Puedes encontrar algo como esto?».

Edades & Etapas

16-20 meses

Habilidades personales y sociales

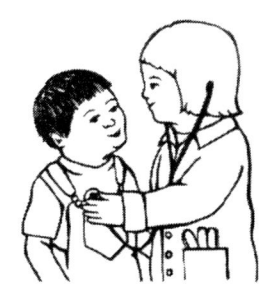

16-20 meses

Los niños de 16 a 20 meses se van haciendo más independientes cada día. Ahora, pueden manifestar celos de otras personas que llamen su atención, sobre todo de los hermanos. Se interesan mucho por los demás niños. Les gusta hacer cosas por su cuenta y quizá empiecen a mostrarse un poco mandones y se resistan a nuestras sugerencias. Nuestro buen humor les vendrá muy bien en los próximos meses.

La hora de la comida, una hora triunfal
Deje que la niña se siente a la mesa con la familia a la hora de las comidas y que coma con su cuchara y su tenedor. Puede que necesite una sillita especial para llegar a la mesa. Puede empezar a beber de una pequeña taza de plástico (no la llene hasta el borde). Incluso puede ayudarla a poner un cubierto en la mesa. Comente lo mayor y lo buena ayudante que es.

Baile familiar
Enseñe a bailar a su niña. Ponga música y enséñele a imitarla o a bailar con usted. Invite a bailar a otros miembros de la familia. Baile con ella. Elógiela. Dele un abrazo.

La hora de los cuentos
Éste es un buen momento para establecer la costumbre de leer cuentos todas las noches, antes de acostarse. Después de cepi-

llarse los dientes y de prepararse para ir a la cama, abrácela y disfruten con uno de sus libros preferidos. Conviene leer con la televisión apagada. Éste puede ser también un momento especial para que otro miembro de la familia esté con la niña.

Consuélame

Como su niña está tan atareada y, a menudo, frustrada, necesita que la consuelen y la tranquilicen. Ella responde a lo que siente en cada momento y no es capaz de comprender que se sentirá mejor después. Necesita oír su voz acogedora, un abrazo y consuelo.

Cosquillas y besos

Mientras prepara a la niña para ir a la cama, dele las buenas noches haciéndole cosquillas y dándole besos en distintas partes del cuerpo: «Buenas noches, naricilla (cosquillas), buenas noches piececito (cosquillas), buenas noches orejita (cosquillas)». Pregúntele qué parte necesita unas cosquillas de buenas noches o un beso de buenas noches.

Comunicación

20-24 meses

A esta edad, los pequeños están aprendiendo con mucha rapidez el lenguaje e imitan lo que oyen, bueno o malo. Utilizan diferentes tipos de palabras y las van uniendo para formar frases cortas. La mayoría de sus palabras son comprensibles y están empezando a cantar canciones sencillas.

El calcetín marioneta

Meta la mano en un calcetín limpio y haga que hable: «Hola, me llamo Pepe. Vengo a hacerte una visita. ¿Cómo te llamas?». Es probable que el niño diga algo o que quiera tocar la marioneta. Mantenga la conversación.

La hora de las construcciones

Coleccione diversos materiales para hacer un aeropuerto, una calle o un barrio. La calle puede hacerla con cinta adhesiva. Los envases cilíndricos pueden ser túneles. Las cajas de cereales pueden ser edificios. Con cartulina, puede hacer una rampa para que los coches suban y bajen. Los cochecitos de juguete pueden atravesar el túnel, pasar bajo el puente o bajar por la rampa. Utilice palabras nuevas mientras el niño juega.

Seguir instrucciones

Cuando hable al pequeño, empiece a darle instrucciones sencillas, como: «Tráeme el calcetín azul» o «pon tu muñeca encima de la silla». Al principio, es posible que tenga que enseñarle qué significa «azul» o «encima de la silla». Dedíquele muchos elogios. También pueden jugar a «enséñame». Usted le dice: «Enséñame la puerta», y él toca la puerta. ¡Buen trabajo!

Diversión con libros

Busque libros ilustrados o revistas para verlos con el niño. Señale las ilustraciones y hable de lo que vean. Pregúntele: «¿Dónde está el perrito?» y pídale que lo señale en una foto. Haga que «lea» a otra persona, como el abuelo. Si el pequeño está aprendiendo a utilizar el váter, éste es un buen momento para poner un cesto de libros en el cuarto de baño para que los «lea».

Excursiones al campo

Su niño disfruta descubriendo sitios nuevos, incluso un centro comercial. Es un momento muy bueno para aprender palabras. Háblele de lo que vean: «Mira, esa fruta se llama kiwi». «Mira esa fuente tan grande».

Cantar una canción

Como ahora le encanta cantar canciones como «Cu, cu, cantaba la rana», enséñele esta canción u otra sencilla que usted recuerde de su infancia y disfruten cantando juntos. Más tarde, pida a su hijo que cante las canciones que ha aprendido a otras personas de la familia.

Edades & Etapas

20-24 meses

Motricidad gruesa

20-24 meses

A partir de este momento, los niños están muy ocupados y son muy rápidos. Corren y están aprendiendo a golpear y saltar. Los músculos de sus piernas se están haciendo más fuertes y pueden subir y bajar escaleras de la mano o agarrándose a la barandilla. Lo pasan muy bien moviendo el cuerpo y aprendiendo nuevas habilidades.

El salto de la rana

Ayude a la niña a saltar desde un escalón no muy alto. Después, déjela que lo haga sola. Cuando lo haga, enséñele a saltar sobre algo, como una caja de leche. Anímela: «¡Muy bien! Saltas como una rana».

La aventura de la bolera

Enseñe a la pequeña a echar a rodar una bola en dirección a unos «bolos» para tirarlos. Las bolas pueden hacerse con hojas de periódico arrugadas y envueltas en cinta adhesiva. Como «bolos», puede utilizar cajas de leche vacías o botellas de plástico. Cuando la niña se canse de jugar a los bolos, puede jugar a la pelota.

Mantener el equilibrio

Ayude a la niña, sujetándola de la mano, a que se mantenga derecha sobre un solo pie. Después, dígale que lo haga sobre el otro pie. Vea ahora si puede hacerlo sin la ayuda de su mano. Cuente cuántos segundos aguanta y siga practicando.

Vamos a dar una vuelta

Dele a su niña un juguete de pedales. Eso le ayudará a controlar el movimiento del juguete y a fortalecer las piernas. Más adelante se divertirá mucho montando en un triciclo de pedales.

Una fiesta para bailar

Ponga distintos tipos de música: *rock and roll*, *country*, clásica y étnica: la que les guste a usted y a su pequeña. Baile y muévase al son de la música con ella. Déjela que se mueva a su aire mientras escucha. A veces, bailen juntas para que pueda sentir que usted se mueve. Durante la mayor parte del tiempo, déjala que baile y se mueva a su aire. Es posible que le guste bailar con pañuelos o cintas.

Un paseo a la zona de juegos del parque

Busque una zona de juegos en su barrio y anímela a que corra, se columpie y trepe. Mientras caminan hacia la zona de juegos, practique subiendo y bajando de la acera, llevando a la niña de la mano. Pídala que suba escaleras agarrándose a la barandilla.

Motricidad fina

20-24 meses

A los pequeños de 20 a 24 meses les gustan las actividades tranquilas que sirven para desarrollar el movimiento de los músculos pequeños. Pueden apilar juguetes pequeños y hacer construcciones. Están aprendiendo a sostener un lápiz con el pulgar y los otros dedos y a hacer garabatos circulares y horizontales. Tienen más habilidad para ensartar cuentas y hacer otras actividades que requieren utilizar las dos manos.

Amontónalo

El niño se divierte mucho apilando cosas pequeñas y derribándolas a continuación. Utilice bloques de construcción, botes de carretes fotográficos, carretes de hilo o cualquier otra cosa que pueda apilarse. Cuente el número de cosas que puede apilar y vea la altura que puede alcanzar.

Ensartar cosas

Ensarte cuentas, macarrones o copos grandes de cereales y ayúdele a practicar utilizando las dos manos a la vez. Un cordón de calzado o cuerda con un poco de cinta adhesiva en el extremo servirá para ensartar cosas. Haga gargantillas y pulseras.

El libro de la familia

Haga un pequeño álbum poniendo fotos de los miembros de la familia, de amigos y de mascotas. Hojeen el álbum y hable de cada persona. Déjele que pase las páginas y que le hable de las fotos. Pídale que enseñe su libro a las visitas.

Empezando con los rompecabezas

Enseñe al niño a hacer rompecabezas. Puede hacer un rompecabezas cortando la parte delantera de una caja de cereales en dos o tres tiras anchas. Ayúdele a girar la pieza si necesita ayuda. Elogie sus esfuerzos. Dígale: «¡Muy bien! ¡Puedes hacerlo!».

Cartas y listas de la compra

Cuando haga la lista de la compra o escriba cartas, tenga a mano papel y un bolígrafo o lápiz para que el niño le observe y escriba a su lado. «Estoy escribiendo una carta a la abuela. Tú también puedes escribir otra». Eche las cartas al buzón. ¡La abuela responderá!

La ensalada de frutas

Deje que el pequeño utilice el palito de un polo o un cuchillo de plástico para que le ayude a cortar trozos de fruta, como plátanos o melocotones. Puede ayudarle a verter yogur, echar por encima nueces o uvas y revolverlo todo. No olvide decir a la familia quién ha hecho esta ensalada tan original.

Mantequilla y gelatina

A su niño le encanta hacerse su propio tentempié. Le puede ayudar a abrir tapas de tarros o recipientes y extender mantequilla, gelatina, confitura, etc. Cuantas más cosas haga por su cuenta (bajo su supervisión), antes aprenderá y más habilidad adquirirá.

Resolución de problemas

20-24 meses

En esta etapa, los niños sienten mucha curiosidad por las partes del cuerpo y la función que desempeñan. Comprenden mejor cómo se unen las cosas y, así, cuál es el sitio de los objetos. Saben que la foto de un gato representa un gato de verdad y están aprendiendo para qué se utilizan los objetos. Sus atareadas mentes tratan de dar sentido a lo que ven y experimentan.

Recoge y vierte

Deje a la niña que experimente vertiendo y llenando recipientes. Facilítele unos cuantos materiales reciclados, como cajas de leche, envases de yogur, botes de carretes fotográficos, vasitos y botellas de plástico para que juegue en la arena. En casa, ponga arroz crudo o maíz en una bandeja o caja grande y dele distintos recipientes. Hable de lo que haga la niña y utilice palabras nuevas como «vacío», «lleno», «verter» y «recoger».

Imitar con objetos caseros

Para el juego de imitación, prepare una caja con instrumentos caseros, como una linterna, pinceles, una pala pequeña o una escoba. La niña puede hacer que pinta las paredes, cava en el jardín o limpia la casa. Hable de la finalidad de estas cosas: «Las linternas nos ayudan a ver las cosas en la oscuridad»...

Yo puedo hacerlo, ¿y tú?

A la hora del baño o en algún tiempo muerto, juegue a «Yo puedo hacerlo, ¿y tú?»: «Mis ojos parpadean; ¿puedes hacer que parpadeen tus ojos?». «Mi nariz huele; ¿tu nariz puede oler?». «Yo puedo aplaudir. Demuéstrame que tú también puedes aplaudir». Haga alguna tontería. Este juego es muy divertido.

Juego de imitación

Dentro de una caja ponga utensilios de cocina: un delantal, cacerolas, cucharas y tazones o utensilios de medicina, utilizando un estuche de maquillaje, un fonendoscopio de juguete (unos auriculares antiguos vienen muy bien), vendas, palitos de polos como depresores de la lengua, una carpeta archivadora y una bata blanca. Estas cosas servirán para un juego de imitación. Tenga un espejo cerca.

Todo al revés

Ponga las cosas (libros, tazas, una caja de cereales) boca abajo y compruebe si la niña se da cuenta y las pone bien. Diviértanse con este sencillo juego.

Las vías

Mientras la pequeña observa, dibuje dos largas líneas horizontales, separadas unos 10 cm, en un gran pliego de papel. Después, enséñele a dibujar líneas verticales que vayan de una a otra. Anímela para que haga muchas líneas verticales. Las líneas dibujadas simularán las vías del tren. Lleve trenes o coches para jugar sobre las vías del tren.

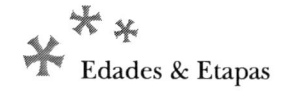

Habilidades personales y sociales

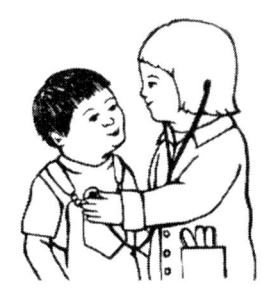

20-24 meses

Los niños de esta edad empiezan a hacer uso de su recién adquirida independencia. Quieren hacerlo todo solos, aunque no puedan. Quieren las cosas en el momento y se frustran pronto si no cosiguen lo que desean. Disfrutan jugando con otros niños, aunque todavía no son capaces de compartir. Les gusta imitar tareas caseras sencillas y, con algo de ayuda, pueden guardar algunos juguetes en el lugar que les indiquen.

La cama del osito

Con una caja de zapatos, haga una camita para la muñeca o el animalito de peluche de su niño. Un paño o bayeta sirve de manta o de almohada. El pequeño puede ayudar a acostar a su bebé por la noche. Puede leerle un cuento y arroparlo en su cama. No olvide darle un beso.

Encuentro con otros niños para jugar

Su niño necesitará que le ayude a jugar con otros niños, aunque disfrute estando con ellos. Permanezca cerca cuando esté con otros niños. El hecho de tener muchos juguetes del mismo tipo contribuye a que cooperen. Es más fácil compartir varios camiones, coches y muñecas que uno sólo. Elógielos por jugar bien juntos.

© narcea, s.a. de ediciones

Disfraces

A los niños les encanta imitar. Prepare una bolsa o caja con objetos para disfrazarse: sombreros, pañuelos, zapatos, bisutería vieja y una cartera. Ponga ropa con botones grandes y cremalleras para practicar el abotonado y el manejo de la cremallera. El niño necesitará cierta ayuda, pero pronto será capaz de disfrazarse solo. Elogie sus esfuerzos. No olvide hacer que se mire en el espejo.

Jugar a las casitas

Ponga una bandeja de plástico en una mesa baja para preparar platos. Ponga además una muñeca, platos y tazas de plástico y algunos utensilios de cocina. Prepare un mobiliario adecuado para que el niño juegue a las casitas. En la parte inferior de una caja dibuje los quemadores para hacer un hornillo. Siga las instrucciones del niño; hablen y diviértanse.

Una merienda al aire libre

Busque un lugar adecuado para una merienda con el niño. Un parque o la zona de juegos es un lugar apropiado, pero el pequeño lo pasará bien aunque la merienda sea en el cuarto de estar. Déjele que ayude a preparar algunos alimentos y bebidas. Quizá los animalitos de peluche quieran sumarse a la merienda. Déjele que coma sin ayuda.

Edades & Etapas

20-24 meses

Comunicación

24-30 meses

De los 24 a los 30 meses, los niños disfrutan estando en compañía de sus padres y están aprendiendo palabras nuevas con mucha rapidez. Lo más frecuente es que utilicen el lenguaje para hacer saber lo que quieren, lo que necesitan y sus ideas. Pueden mantener una conversación sencilla, así como hablar con ellos mismos o hacer que mantienen una conversación con un animalito de peluche. Pueden seguir instrucciones sencillas y les encanta leer libros. ¡Les gusta oír el mismo libro una y otra vez!

Veo veo

En el coche o en el autobús, pueden jugar a una variante del «veo, veo». Usted dice: «Veo un camión verde». Entonces, la niña trata de encontrar lo que usted ha visto. Después, le toca a ella ver algo. Recuerde que tiene que «ver» cosas que la niña pueda ver también desde su asiento. También pueden jugar al «oigo, oigo», prestando atención a sonidos como los de una moto, una bocina, un pájaro cantando, un perro ladrando o una radio.

El álbum de fotos

Haga un pequeño álbum de fotos con las de la niña y las personas y mascotas que conozca. Haga que ella hable de las fotos y nombre a todos. Pregúntele: «¿Quién es?», «¿qué hace?». Mire el álbum en repetidas ocasiones. Ayúdele a que aprenda a decir su nombre y apellidos.

Cuando eras pequeña

Cuente a la niña historias de cuando era pequeñita: «Cuando naciste...» o «cuando eras un bebé...» A ella, le encanta escuchar estas historias una y otra vez.

¿Cómo ha ido el día?

Al final de una jornada muy ocupada, haga que cada uno cuente cómo le ha ido el día. Pida a la niña que cuente a la familia lo que haya hecho durante la jornada. Dele tiempo para hacerlo con tranquilidad. Si olvida algo, puede recordárselo. Pronto aprenderá a contar lo sucedido en el orden correcto. Elógiela por recordar tantas cosas.

Bañar al bebé

Deje que la niña bañe una muñeca en una bañera de plástico o que lleve la muñeca para que la bañe con ella. Mientras la baña, nombre las partes del cuerpo de la muñeca: «Estás lavando los pies del bebé». Felicítela por cuidar tan bien a su bebé.

¿Qué oyes?

Apague la televisión y la radio y escuche con su niña los sonidos de la casa: el motor del refrigerador, el ruido del viento, el tictac de un reloj o el sonido de personas hablando. Pida a la niña que le cuente lo que oye. Pruebe por la noche. Escuche los sonidos nocturnos de la calle.

Edades & Etapas

24-30 meses

Motricidad gruesa

24-30 meses

La palabra «activo» sigue siendo la que mejor describe a los niños en esta etapa. Sus músculos se van haciendo más fuertes y van adquiriendo más confianza en sus habilidades.

Permitamos que continúen desarrollando las actividades físicas con las que disfrutan, como dar patadas a la pelota, montarse en triciclos y otros juguetes por el estilo, trepar por las estructuras metálicas para juegos infantiles, columpiarse, correr, saltar y mantener el equilibrio.

Mono de imitación

Póngase sobre un solo pie. Pregunte al niño: «¿Puedes hacer esto?». Si su hijo se mantiene durante un segundo, felicítelo. Haga como si fuese un avión en pleno vuelo, abriendo los brazos y recorriendo la habitación. Pruebe con otros movimientos: saltar, gatear, galopar y andar de puntillas por la casa. Deje que sea él el que dirija e imítele. Jueguen con toda la familia.

Concurso del salto de la rana

Hagan como si fuesen ranas o canguros y salten con ambos pies juntos. Enseñe al niño a saltar con los dos pies a la vez y después, a saltar sobre una línea pintada con tiza o sobre un objeto pequeño, como una bayeta. Haga señales en la línea para medir cuánto salta con los dos pies juntos. Coméntele: «¡Fenómeno! ¡Mira qué salto ha hecho la rana en esta ocasión!».

La estrella del fútbol

Juegue con el niño al «fútbol». Use una pelota de tamaño mediano (de unos 25 cm) y prepare una portería con dos cajas vacías de leche o una caja grande de cartón volcada sobre un lado. Anímele a que tire y meta la pelota entre las dos cajas o en el interior de la caja grande.

Un divertido patio de juegos

Cualquier día es bueno para pasar algún tiempo al aire libre, en el jardín de la casa o en el parque del barrio. Anime al niño a que corra, se columpie y trepe por las estructuras de juego y se deslice por los toboganes. Acompáñele en estas actividades, salte sobre las grietas o las ramas que encuentre a su paso. Ayúdele a practicar el ascenso y el descenso de escalones o el salto desde distancias cortas. Reúnase con otros niños y madres o padres. ¡Pásenlo bien!

Aros de baloncesto

Practique botando, cogiendo y lanzando un balón de tamaño mediano. Puede utilizar una papelera o un cesto de ropa sucia como meta y aplaudir cuando el niño «enceste». Ayúdele a aprender a sujetar el balón. Empiece manteniéndose junto a él con el fin de que lo consiga con mayor facilidad.

A caballito

Juegue a «montar a caballo» y haga saltar al niño sobre sus rodillas o sujételo de las manos mientras él se sienta a horcajadas sobre su pie y déjele que cabalgue sobre él (si cruza las piernas, se cansará menos al hacerle saltar). De vez en cuando, pare y espere a que él trate de hacerlo o le pida más. Pregúntele: «¿Más? ¿Quieres seguir montando a caballo más tiempo?».

Edades & Etapas

24-30 meses

Motricidad fina

24-30 meses

A estas edades los pequeños ya trabajan bien la coordinación óculo-manual. Disfrutan separando y juntando objetos pequeños. Les encanta utilizar cualquier tipo de instrumento de «escritura» o dibujo. Facilíteles gran cantidad de papel, pinturas lavables, rotuladores, etc. Deje que hagan sus escritos y dibujos en una mesa mientras usted vigila, con el fin de que no dibujen en las paredes ni en los muebles. Proporcióneles rompecabezas, bloques de construcción y otros pequeños juguetes seguros, y deles mucha conversación.

Voltear la tortilla

Recorte las esquinas de una esponja casera simulando una tortilla y con una pequeña sartén y una espátula, enséñele a darle la vuelta.

Ensartar macarrones

Haga un collar de macarrones que se pueden pintar antes de ensartarlos. Asegúrese de tener un cordel con un extremo rígido, como un cordón de zapato. Puede utilizar cuerda, pero rodee los extremos con cinta adhesiva para que sea más fácil ensartarlos.

Zumo de naranja natural

Haga zumo de naranja o limonada con la niña. Dígale que exprima la fruta utilizando un exprimidor de mano. Para hacer limonada, tendrá que añadir algo de azúcar y de agua. Enséñele a mover la fruta hacia atrás y hacia adelante sobre el exprimidor para extraer el zumo.

Cópiame

Pida a la niña que copie una línea que haya dibujado usted, hacia arriba y hacia abajo y de lado a lado. Primero, el turno es suyo; después le toca a ella. Pruebe con modelos en zigzag y después, espirales. Utilice un lápiz y papel, un palito en la arena, rotuladores sobre papel de periódico o los dedos en un espejo empañado del cuarto de baño.

La divertida hora del baño

Mientras baña a la pequeña, déjele que juegue con objetos que pueda apretar, como una esponja, una bayeta o un juguete que se aplaste. Esta acción contribuye a fortalecer los músculos de manos y dedos. Además, hace que la hora del baño sea más divertida.

Mis objetos favoritos

Podemos hacer un libro con los objetos favoritos de la niña. Una con un clip o con una grapa unas hojas de papel y déselas (déjele escoger su color preferido). Ayúdele a utilizar unas tijeras seguras para recortar fotografías de revistas y pegarlas en las páginas. Puede utilizar rotuladores o pinturas de colores para adornar las páginas y tratar de escribir su nombre. Escriba lo que diga sobre cada página. También puede ser divertido poner pegatinas.

Ordenar objetos

Busque una fuente que tenga varios apartados (p. ej., una bandeja para comer delante del televisor). Ponga en un tazón de plástico algunos objetos, como nueces, conchas y monedas. Deje que la niña utilice una cuchara o unas pinzas para coger los objetos y ponerlos en distintos apartados de la bandeja. No la pierda de vista para que no se meta nada en la boca.

Edades & Etapas

| 24-30 meses |

Resolución de problemas

24-30 meses

Hacer cosas por sí mismos es ahora muy importante para los niños. Tenga paciencia y disfrute de esta época de independencia creciente, aunque a veces resulte frustrante. Deje a los niños todo el tiempo que necesiten y todas las oportunidades posibles de imaginar y hacer cosas por su cuenta. La fantasía es también una parte importante de su crecimiento: lo real y lo fantástico pueden confundirse. Ayúdeles a descubrir la diferencia, sobre todo al ver la televisión.

Emparejamiento de las cosas ocultas

Reúna, al menos, dos ejemplares iguales de objetos. Utilice dos bolsas de papel y meta en cada una un objeto de cada par. Saque un objeto y pídale al niño que busque y encuentre uno igual en su bolsa. Recuérdele que no se puede mirar, sólo tocar.

Ayudar en las tareas de la casa

Pídale al niño que le ayude con la colada, que clasifique las cosas por colores o que separe la ropa blanca. Puede poner toda la ropa del niño en un mismo sitio. Déjele que le ayude a poner todos los calcetines en un montón y todas las camisas en otro. Puede poner en orden y en su sitio todos los zapatos y botas y usted puede ayudarle a dejarlos todos emparejados.

© narcea, s.a. de ediciones

La hora del bocadillo

Cuando dé al niño un tentempié, enséñele a poner en fila las piezas de fruta, las galletas o los copos de cereales. Puede hacer una fila de cuatro cosas y pedirle que le copie. Puede ayudarle a contar las piezas de comida y después, a comerlas.

Construcción con cajas

Utilice varias cajas pequeñas y medianas como bloques de construcción: cajas de zapatos, de cereales, de leche, etc. Anime al niño a construir con las cajas. Pregúntele: «¿Qué estás haciendo?». «¿Es una casa, una pared?». Añada coches y animales de juguete para hacerlo más divertido.

¿Dónde está?

Utilice cualquier objeto de la casa y juegue a: «¿Dónde está?». Por ejemplo, esconda un osito de peluche bajo la almohada. Dele pistas al niño para que encuentre el osito: «¿Dónde está el oso? ¿Puedes encontrarlo? Está debajo de algo verde» o: «Está detrás de algo blando». Ayúdele cuando lo necesite y después déjele que esconda cosas y le dé pistas para encontrarlas.

Edades & Etapas

24-30 meses

Habilidades personales y sociales

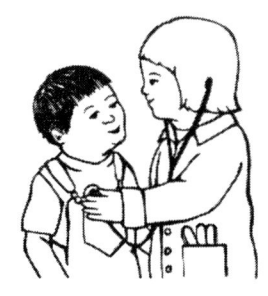

24-30 meses

En esta etapa, los niños siguen tratando de hacer cosas por sí mismos y quieren agradar a los adultos por todos los medios. Disfrutan cuando comen y cuando se visten sin ayuda. Como a los niños pequeños les encanta imitar, pueden echar una mano en tareas domésticas sencillas, como limpiar salpicaduras. Su apoyo y su paciencia harán que la vida les resulte más fácil, sobre todo si hay un nuevo bebé en casa.

Una persona que se arregla con esmero

Es probable que a su niña le resulte fácil desnudarse. Ahora, puede dejar que se vista sola. Empiece con pantalones cortos y anchos. Dígale que se siente en el suelo, meta las dos piernas en el pantalón, se levante y se lo suba después. Dígale a su hija: «¡Muy bien! ¡Te lo has puesto tú sola!». Déjela que se mire al espejo. Después, practique con una camiseta: la cabeza primero; después, un brazo, y después, el otro brazo. «¡Qué bien te vistes!».

Compañeros de juego

Invite a jugar un rato a algunos amigos de su niña o llévela a casa de algún familiar en la que haya alguien de su edad. Compruebe que hay suficientes juguetes que puedan compartirse con facilidad. Más tarde, dígale que le cuente su experiencia.

Los primeros sentimientos

Ayude a la niña a nombrar y expresar los sentimientos cuando surjan. Cuando esté preocupada, puede ayudarle a comprender el sentimiento diciéndole: «Pareces preocupada. ¿Puedes decirme qué te pasa?». Si sabe que está enfadada, dígale: «Sé que estás muy enfadada, pero puede que cambies en un minuto». Cuando ella descubra que esos sentimientos tienen nombre, los afrontará con más facilidad.

Tratar a un bebé

Deje que la niña tenga en sus brazos un hermano pequeño, un familiar o el bebé de algún vecino (con su permiso). Vigílela mientras tenga al bebé y ayúdela a sentarse con seguridad y a mantener los brazos de manera que lo sostengan bien. Dígale que hay que tratar a los bebés con suavidad y que ella es tan buena amiga del bebé que a él le gusta estar con ella.

Como sola

Disfrute de una comida en la que su niña coma sin ayuda, utilizando un tenedor. El puré de patata será algo más fácil que los guisantes. Enséñele a enrollar los espaguetis. ¡Conviene que tenga a mano alguna servilleta de repuesto!

Pequeño papá, pequeña mamá

Cuando su niña juegue con una muñeca u osito de peluche, dele un platito, una cucharita y una tacita de plástico. Quizá necesite también una manta de bebé y, a lo mejor, un cepillo para el pelo y otro de dientes. Ahora, ya puede cuidar al osito.

Edades & Etapas

24-30 meses

© narcea, s.a. de ediciones

Comunicación

30-36 meses

En este ciclo, los niños pueden hablar de muchas cosas y seguir instrucciones sencillas. Cometerán errores gramaticales, diciendo «cabo» en vez de «quepo», por ejemplo. También pueden contar lo que está ocurriendo; utilizan oraciones más largas y pueden hablar de lo ocurrido durante el día. Conviene leer con ellos todos los días. Incluso, es posible que nos imiten leyendo sus libros favoritos por su cuenta y utilizando las palabras que les hayamos leído.

Leer revistas

Hable de las fotos de las revistas. Busque fotos de objetos corrientes que el niño pueda reconocer, como pasta dentífrica, jabón, pañales, mascotas o coches. Señale la foto y pregúntele: «¿Qué es esto?». «¿Tenemos esto en casa?».

¿Qué es eso?

El niño se divertirá mucho si usted hace como si no supiese qué son las cosas. Señale la pasta dentífrica y pregúntele: «¿Esto es el jabón?». Déjele que le diga lo qué es. Ponga cara de sorpresa. El niño disfrutará mucho «enseñándole» el nombre correcto de las cosas.

Juego de las vendas

Utilice cinta adhesiva o pegatinas como si fuesen apósitos. Pregunte al niño: «¿Dónde te has cortado? ¿Dónde pongo esto?».

Haga que él nombre tantas partes del cuerpo como pueda y ponga un apósito en cada una. Después puede eliminarlos durante el baño. Este juego también puede hacerse con una muñeca o peluche.

Recoger cosas

Cuando recoja los alimentos al venir de la compra, pídale al niño que le ayude. Dígale: «Pon la mantequilla en el frigorífico» o «pon las naranjas en el frutero». También pueden pasarlo muy bien si usted da algunas instrucciones sin sentido, como: «Pon los limones debajo de la silla». Utilice palabras como «arriba» y «abajo».

¿Qué ocurre?

Al leer libros o revistas, pida al niño que le diga lo que ocurre en una ilustración: «¿Qué está haciendo el bebé?» «¿Qué está haciendo el perro?». Después, escuche con atención la interesante historia que se invente.

¿Cómo te llamas?

Cuando salude a su niño, actúe como si no supiese quién es. Diga: «Hola, pequeño. ¿Cómo te llamas?» Cuando se lo diga, salúdele con una gran sonrisa: «¡Oh, si eres mi chiquitín! ¡Cuánto me alegro de verte!».

Motricidad gruesa

30-36 meses

Al utilizar los músculos de las piernas y de los brazos, los niños perfeccionan sus destrezas, consiguiendo que estos músculos sean más fuertes, más flexibles, más coordinados y más rápidos. Pueden llevar una pelota de 20 cm, hacer giros bruscos para doblar una esquina cuando van corriendo y evitar los obstáculos que les salgan al paso.

Sobre el río
Cuando juegue al aire libre, coloque una toalla o paño de unos 60 cm de ancho sobre el suelo, que hará de «río», sobre el que la niña correrá y saltará, sin mojarse. Al principio, puede doblar la toalla de manera que el río tenga sólo unos 30 cm de ancho. Cuando la niña sea capaz de saltar fácilmente, abra la toalla para que el río sea más ancho.

¡Dale al globo!
Deje que la niña lance un globo de un extremo al otro de la habitación. Ponga una caja en el extremo, a modo de portería. Compruebe si es capaz de meter el globo en la portería.

Andares de animales
Enseñe a la niña a andar como lo hacen distintos animales (p. ej., agachada como un pato, andando a cuatro patas como

un perro). Anímele a imitar estos animales y a que haga los sonidos correspondientes. Jueguen tranquilamente. Llame al gato: «Pss, pss, gatito, gatito». Pídale que se mantenga quieta sobre un pie, como un flamenco.

Andar de puntillas y de talones

Enseñe a la niña a andar de puntillas y de talones, sobre una línea dibujada o un trozo de cuerda puesta en el suelo. Enséñele a extender los brazos para mantener el equilibrio.

Baloncesto

Ponga en el suelo un cesto de ropa vacío al lado de una pared. Dé a la niña una pelota blanda de unos 10 cm. Ponga en el suelo una cuerda o trozo de cinta adhesiva que marque la línea de tiro y enséñela a lanzar por encima de la cabeza para introducir la pelota en el cesto. Empiece a 1,20 m del cesto. A medida que vaya creciendo, aleje poco a poco la línea del cesto.

¡A cazar pompas!

Un día de buen tiempo, mientras jueguen al aire libre, haga pompas de jabón y pídale a la niña que dé palmadas y las aplaste. Lance algunas hacia arriba, de manera que tenga que saltar para alcanzarlas. Lance algunas lejos, para que tenga que correr un poco. Dígale que explote todas las grandes. Después, todas las pequeñas. Jueguen a esto mientras lo pasen bien. Cuando hayan terminado, lávense juntas esas manos llenas de jabón.

Edades & Etapas

30-36 meses

Motricidad fina

30-36 meses

A esta edad, los niños están aprendiendo a sostener bolígrafos, lápices y rotuladores con el pulgar y dos dedos, igual que los mayores. Han aprendido a abrir y cerrar la tijera y pueden hacer cortes en el papel si se lo sostenemos. Pueden ensartar cuentas con facilidad y hacer rompecabezas con cuatro o cinco piezas.

Rompecabezas riquísimos

Recorte la parte frontal de una caja de los cereales favoritos del niño. Córtela en cuatro o cinco piezas. El pequeño se divertirá mucho uniendo las piezas de este sencillo rompecabezas. Quizá necesite alguna ayuda al principio.

Cópiame

Enseñe al niño a hacer líneas y circunferencias. También puede probar con otras formas sencillas. Le será más fácil copiar circunferencias y líneas rectas. Cuando estén jugando, es posible que el niño quiera aprender a escribir la inicial de su nombre. Diviértanse haciéndolo. Celebre cualquier intento de escribir una letra, aunque no se parezca mucho a la original.

La hora de la pinza

Dele al niño una tenacilla de cocina o una pinza de hielo. Compruebe si es capaz de trasladar de un recipiente a otro unas bolas de algodón. Después, pruebe con algo más pesado, como nueces, carretes o piedrecillas.

Mecánica infantil

Reúna tornillos grandes, tuercas con su rosca correspondiente y arandelas. El niño se entretendrá mucho enroscando el tornillo en la tuerca y girándolos al mismo tiempo. Vigílele para evitar que se introduzca alguna pieza en la boca.

El pequeño ensartador

Diviértanse ensartando grandes botones, cuentas, distintos tipos de pasta (p. ej., macarrones) o grandes copos de cereales en forma de lazo. Compruebe que la cuerda, cordón de calzado o hilo que utilicen tenga un extremo rígido; envuelva los extremos de la cuerda en cinta adhesiva para facilitar el ensartado. Deje que el niño haga un collar para usted y otro para él. ¡Menuda concentración!

Pompas sobre el papel

Dele al niño una pintura o rotulador lavable para que dibuje pompas en el papel. Enséñele a dibujar pompas grandes y pequeñas, violetas y verdes. Déjele que dibuje todas las que quiera. Cuando ya haya dibujado muchas pompas, es la hora de hacer algunas de verdad.

Edades & Etapas

30-36 meses

Resolución de problemas

30-36 meses

En este momento, los niños pueden apreciar las semejanzas y las diferencias de muchas cosas. Saben qué es largo y corto, poco y mucho y qué cuchara es la más grande. Con su ayuda, pueden poner en orden, de la más pequeña a la más grande, tres cosas de distinto tamaño. El juego de simulación sigue siendo muy importante y divertido para ellos.

¿Qué es esto?

Después de bañar a la niña, póngala de pie o sentada delante de un espejo. Con una toalla, séquele distintas partes del cuerpo. Mientras le seca el pelo, pregúntele (con una sonrisa y fingiendo asombro): «¿Qué es esto?». Mientras le seca la espalda, pregúntele: «¿Qué es esto?». Mientras le seca la zona de las costillas, pregúntele: «¿Qué son estos huesos?». Diviértanse mientras le hace cosquillas, la abraza y le enseña los nombres de las partes del cuerpo.

Imita lo que hago con los coches

Alinee cuatro o cinco coches de juguete u otros objetos. Asegúrese de que la niña vea lo que está haciendo. Dele algunos objetos para que los alinee igual que usted. Puede alinear distintas cosas, como bloques de construcción, cucharas o conchas. Aunque la niña no lo haga exactamente como usted, échele una mano. Diga: «Mira, el rojo está a la altura del amarillo». Después, felicítela por participar en el juego: «¡Muy bien! ¡Eres fantástica alineando cosas!».

Grande y pequeño

Enseñe a la niña dos cosas de tamaños diferentes, como zapatos, tazas o cucharas. Pídale que señale el objeto más grande y después, el más pequeño. Pueden jugar a «pequeño y grande» con muchas cosas, como perros, hojas y coches, sobre todo en el parque. Pueden hacerlo en cualquier sitio, en casa o en el supermercado, con las verduras, las cajas o las latas. Añada una cosa de tamaño mediano y modifique el juego: «Grande, pequeño y mediano».

Cuéntame tu historia

Dele a la niña un papel en blanco y algunas pinturas o rotuladores lavables para dibujar. Cuando acabe, pídale que le diga qué ha dibujado. Escriba la historia en el papel del dibujo. Ponga su nombre y dígale: «Ésta es tu historia y éste es tu nombre». Lea la historia a la abuela o a otra persona importante.

Vamos a «leer» el barrio

Cuando paseen o vayan en coche por su barrio, muéstrele a la niña distintos carteles, como la gran «M» amarilla de «McDonald's». Enséñele una señal de «Stop» y dígale lo que significa. La próxima vez que salgan, pídale que lea los carteles y las señales con usted.

Sonidos sin sentido

Juegue con la niña a un juego de imitar sonidos sin sentido mientras van en el coche o en el autobús. Por ejemplo, dígale: «Bi, zim, zop» o alguna otra expresión sin sentido. Vea si ella es capaz de imitarla. Pídale que diga una expresión sin sentido y cópiela.

Edades & Etapas

30-36 meses

Habilidades personales y sociales

30-36 meses

Aunque los niños se están haciendo más independientes a la hora de satisfacer sus necesidades personales, todavía necesitan abrazos y apoyo de sus padres, familia y educadores. Por regla general, pueden separarse de los padres en ambientes conocidos y pueden obedecer reglas sencillas. Disfrutan jugando con otros niños y se enorgullecen de sus logros. Cuando aprecien los padres y educadores un comportamiento positivo, como ser servicial, seguir una regla o hacer algo por su cuenta, responderán con orgullo.

Pinche de cocina

Deje que el niño le ayude en la cocina, midiendo, vertiendo líquidos, escurriendo cosas y cortando la verdura de la ensalada (con cuchillos de plástico). Son actividades reales que ayudan a la familia. Dígale: «Muchas gracias por tu ayuda».

«Superlimpio»

Enseñe al niño a echar la basura en el cubo. Si tira un papel, pídale que lo recoja y lo eche a la papelera. Lo pasará muy bien ayudándole a sacar el cubo para que lo recoja el camión de la basura. Enséñele que es muy importante conservar limpio el mundo. Háblele de lo que ocurriría si la gente no recogiera la basura.

Me baño yo solito

El niño lo pasará muy bien tratando de lavarse él solo en la bañera. Enséñele a utilizar una manopla de baño y el jabón o gel de ducha. No deje de manifestarle que está haciendo un buen trabajo. Después, dele una toalla para que se seque. Diviértase con él; dígale: «¿De quién es este chico tan limpio?».

Cómo son los sentimientos

Ayude al niño a comprender los sentimientos, señalándolos y dándoles nombre. Los niños tienen que aprender que los sentimientos cambian y que las otras personas también tienen sentimientos. Dígale: «Sé que estás muy nervioso porque ya es casi tu cumpleaños». No tema utilizar las palabras precisas.

Superconductor

Haga una carrera de obstáculos en la entrada al garaje o en el pasillo. Deje que su pequeño conductor tire de un carrito o empuje una carretilla llevando una caja u otro objeto, o pase sobre una manguera. Le espera un enorme abrazo al llegar a la meta.

Mírate

Prepare un cajón de disfraces. Revise su armario y, en vez de deshacerse de la ropa vieja, ponga parte de ella en el cajón, para que el niño juegue con ella. Los monederos, las carteras, los sombreros, las corbatas, los zapatos, los cinturones y los collares pueden ser muy divertidos. Deje que el niño se disfrace y que después se mire en el espejo. ¡Tenga preparada la cámara de fotos!

Edades & Etapas

30-36 meses

Comunicación

36-42 meses

En esta etapa, los niños están aprendiendo a utilizar oraciones completas para hablarle de los acontecimientos. También son capaces de seguir más de una instrucción a la vez. Es probable que ya sepan sus nombres y apellidos y pueda decírselos si se lo preguntan. Les encanta mantener conversaciones con una amiga y, quizá, con una muñeca u osito de juguete. Han descubierto que la voz que se oye por el teléfono procede, en realidad, de una persona, aunque no pueda ver a quien hable en ese momento y la probabilidad de que hablen es mayor que la de que se limiten a escuchar.

Besos de buenas noches

A la hora de acostarse, dele besos de buenas noches por todas partes. Dígale a su hija: «Te beso debajo del brazo. Te beso en la cabeza. Ahora, te voy a besar detrás de la oreja. ¡Buenas noches, ahí atrás! ¡Buenas noches, por todas partes!».

¿Quién es esta persona?

Haga como si hubiese olvidado de repente quién es su hija. Diga: «¿Cómo te llamas, nena: Samanta, Rosita? ¿Tienes otro nombre?». (Cuando la niña diga su nombre, usted puede mostrarse felizmente sorprendida).

Notas de cariño

Escriba pequeñas notas a su niña y distribúyalas por distintos lugares de la casa durante el día. Una nota puede decir: «Eres muy servicial con tu hermanito. Él te quiere mucho». Una nota en el estante de los juguetes puede decir que usted se ha percatado de que los juguetes estaban recogidos. Una nota en el plato a la hora de comer puede decir que papá le leerá su cuento favorito a la hora de acostarse. Cuando lea estas notas a la niña, descubrirá que la lectura es divertida e importante.

¿Dónde viven estos animales?

Ayude a la niña a aprender las direcciones preguntándole: «¿Dónde vuelan los pájaros? Arriba, en el cielo. ¿Dónde viven los bichos? Debajo de una roca. ¿Dónde nadan los peces? Abajo, en el agua». Es posible que, al principio, necesite cierta ayuda, pero pronto sabrá las respuestas.

Meteorología

Al empezar el día, pídale a su niña que mire por la ventana y le diga qué tiempo hace: ¿Hace sol?, ¿llueve?, ¿hay nubes? ¿Qué tiempo hará hoy? Pídala que haga un dibujo del sol si hace sol, gotas de lluvia si llueve y nubes si el cielo está cubierto.

Tarjeta de amor

Junte fotos de objetos y animales favoritos, algunas pegatinas, tiras de encaje, botones y otros objetos pequeños. Necesitará también algunas hojas de papel y pegamento. Haga una felicitación de cumpleaños para alguna persona especial o una tarjeta para desear la mejoría de alguien. Mientras la hace, hable de lo especial que es ese amigo o pariente suyo. Ponga la dirección, el sello y envíela por correo. Este detalle será muy apreciado.

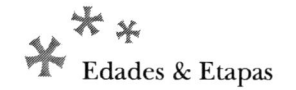

Edades & Etapas

36-42 meses

© narcea, s.a. de ediciones

Motricidad gruesa

36-42 meses

Por regla general, los niños de estas edades dan patadas a la pelota, saltan y quizá lo hagan a la pata coja. Les gusta hacer cosas durante largos períodos y pueden dedicar mucho tiempo a montar en triciclo o empujar una carretilla cargada con cosas diversas. Para los niños trepar se convierte en una de sus actividades favoritas. También les encanta jugar con sus amigos. Los niños de esta etapa tras haber gastado toda su energía en el día suelen dormir muy bien durante toda la noche.

La banda de música
Enseñe a su niño a marchar como los miembros de una banda: ¡Esas rodillas arriba! Invite a un amigo a que la acompañe. Añada un tambor y una bandera y hagan un desfile.

El cangurito
Enseñe al pequeño cómo salta el canguro. Haga como si fuese mamá canguro. Con los pies juntos, salte, salte y salte. Es muy divertido hacerlo al aire libre o con un amigo.

Pies quietos
Jueguen a «pies quietos». Dígale al niño que baile o se mueva como quiera, pero que, cuando usted diga «pies quietos», deten-

ga el movimiento que esté haciendo. Puede empezar a moverse de nuevo al decir: «andando». Dirija el juego por turnos.

El fútbol

Dele al niño una pelota de tamaño mediano. Enséñele a chutar, echando el pie hacia atrás y, después, hacia delante. Ponga enfrente una caja grande de cartón y anímele para que haga gol, chutando y metiendo la pelota en la caja. Cuando lo haga, grite: «¡Gol!».

Soy un avión

Dígale al niño que haga como si fuese un avión y corra con los brazos extendidos. Enséñele a inclinarse a la izquierda y, después, a la derecha. Imite el ruido del avión. Baje en picado y, luego, en círculo. Es el momento de reducir velocidad, girar descendiendo y aterrizar.

Baloncesto por todo lo alto

Ponga una caja abierta o un cesto de ropa encima de una mesa o de una superficie más elevada que el nivel de las sillas. Dele al niño una pelota de tamaño mediano para que la lance por encima de su cabeza a la caja o cesto. Puede, también, atar una cinta entre los extremos de los respaldos de dos sillas, con la caja al otro lado. Enseñe al niño a lanzar la pelota por encima de la cinta y al interior de la caja.

Edades & Etapas

36-42 meses

Motricidad fina

36-42 meses

Cuando los niños van adquiriendo mayor soltura, pueden abotonarse la ropa y utilizar las cremalleras, usar el tenedor y la cuchara para comer, extender mantequilla blanda sobre el pan, sostener un lápiz o pintura con el pulgar y dos dedos más. Les encanta dibujar. Si se les pide, pueden dibujar circunferencias u otras figuras sencillas.

Abrocha la ropa al osito

Deje que su niña ponga ropa de bebé a un oso de peluche o muñeca grande. Asegúrese de que la ropa tenga un par de botones o broches de presión grandes para que practique movimientos delicados con los dedos. Quizá encuentre también algunos zapatos con cierres de velcro. Es posible que aún le resulte demasiado difícil atar o abrochar zapatos.

Hermoso collar

Recorte algunos círculos o flores de papel de colores y haga un agujero en el centro. Después, corte en pequeños trozos una pajita de refresco grande. Dígale a la niña que ensarte en un cordón de calzado, alternándolos, una flor y un trozo de pajita. Quizá no siempre alterne las piezas, pero no importa. Ate los extremos y tendrá su propio collar.

Sacar guisantes

Compre en el mercado algunos guisante con su vaina. Enseñe a la niña a sacar los guisantes de las vainas. Dele unas pocas en un recipiente de plástico para que las abra. Cuando haya acabado, lave los guisantes y cómanselos. ¡Buen provecho!

Artista de acera

Deje que su pequeña dibuje en la acera o en la entrada al garaje con tiza de colores. Si no tiene tiza, dele un pincel pequeño y déjela que pinte con agua. La pintura será divertida, así como la magia de la evaporación. «¿Dónde está tu pintura?».

La lista de la compra

Tenga a mano una libreta y unos lápices. Antes de ir al mercado, pida a la niña que la ayude a hacer la lista de la compra. Déjala que escriba su propia versión de las palabras y vea si puede recordar lo que significan. También puede escribir una nota a su mamá o a una mascota.

La pequeña cortadora

Deje a la niña que corte cosas con una tijera infantil. Enséñele a abrir y cerrar la tijera mientras usted sostiene el papel. Más adelante, enséñele a sostener la tijera con una mano y el papel con la otra. Al principio, cortar una esquina ya es un gran progreso. Si corta algunos trozos, guárdelos en un sobre. Más tarde, puede pegarlos en una hoja de papel para obtener una creación artística especial.

Edades & Etapas

36-42 meses

Resolución de problemas

36-42 meses

Nuestros ocupadísimos aprendices están adquiriendo muchas destrezas. Pueden solucionar rompecabezas (seis piezas o más, incluso), dibujar algunas formas, como circunferencias y cuadrados, emparejar un objeto con una imagen de ese mismo objeto y apreciar muchas semejanzas y diferencias. Les interesa mucho el funcionamiento de las cosas y las respuestas que los padres y educadores les den porque les ayudan a comprender y aprender.

Cajas y bloques

Reúna bloques de construcción y cajas pequeñas que pueda utilizar el niño para hacer construcciones. Haga alguna cosa y dígale que copie lo que usted construya. Añada piezas de cartulina para hacer un tejado y algunos palillos para los puentes. Haga una ciudad. Ponga también algunos cochecitos y figuras de juguete: ¡la ciudad surge a la vida!

Magia de memoria

Este juego ayuda a desarrollar la memoria. Cuando vayan en coche o en el autobús, diga al niño: «Vamos de merienda al campo y llevamos…». Nombre un objeto que llevaría a una merienda campestre, como una manzana. Anime al niño a que piense en otro objeto y repita: «Vamos de merienda al campo y llevamos…»; nombre su objeto (la manzana) y a continuación el suyo (un globo). Por turno, vayan diciendo lo que llevarían a una merienda campestre, repitiendo en cada ocasión lo que ya hubiesen nombrado. Traten de nombrar las cosas por orden alfabético.

El señor Palo

Pida al niño que dibuje un palo de unos 12 cm. de alto en un pliego de papel o de cartulina. Diga: «Éste es el señor Palo». Ahora, esconda al señor Palo. Dele al niño pistas que le lleven hasta el señor Palo: «Está en una habitación con agua, pero no es el cuarto de baño». «Está en un armario, al lado de una puerta». Si encuentra al señor Palo, gana un gran abrazo. A continuación, le toca al niño el turno de darle pistas a usted.

Administrar el dinero

Haga algunos billetes de euro de mentira con papel de color. Métalos en un monedero o cartera vieja y déselos al pequeño. Haga como si fuese el dependiente. Diga: «Estos calcetines cuestan 2 €». «Este almuerzo cuesta 3 €». Ayude al niño a contar la cantidad correcta de dinero. Después intercambien sus papeles. Aumente las posibilidades de diversión reuniendo cajas de cereales, cajas vacías de leche y envases de plástico de zumo para hacer una tienda.

Dibuja la lista de la compra

Recorte imágenes de tres o cuatro comidas que tenga que comprar de anuncios de periódico. Métalos en un sobre vacío y llévelos al supermercado. Dígale al niño que saque las imágenes y que le recuerde lo que tiene que comprar. Si le muestra una foto de huevos, diga: «Sí, vamos a comprar huevos».

Rompecabezas rápido de imágenes

Retire la parte delantera de la caja de cereales. Recorte los extremos y corte la imagen en seis o siete piezas. Su hijo disfrutará mucho reuniendo las piezas. Puede ayudarle indicando de qué forma casa la parte de la imagen que aparezca en una pieza con otra parte de la misma que se aprecie en otra pieza. ¡A pensar!

Edades & Etapas

36-42 meses

© narcea, s.a. de ediciones

Habilidades personales y sociales

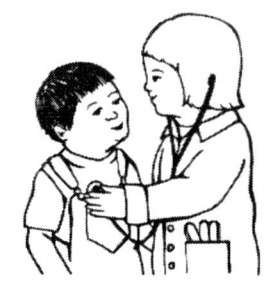

36-42 meses

En esta etapa, los niños se van haciendo cada vez más sociables. Pueden ser muy serviciales con las faenas de la casa y ocuparse de muchas de sus necesidades personales. Juegan con otros niños y niñas, pero todavía no son capaces de cooperar o compartir de manera adecuada. Son factores muy importantes la aprobación y la atención por parte de los padres y educadores. Les gusta hacer el tonto y que los demás se rían y sobre todo hacer reír a los padres.

Disfraces

Deje que su niña se disfrace con ropa antigua. Tanto las botas como los sombreros de ala ancha son divertidos. Un pañuelo o un collar da un toque bonito. Un monedero, una cartera o un chaleco también da interés al juego. Compruebe que haya botones para abrochar, cremalleras para cerrar o unos guantes para meter los dedos y adquirir aún más destreza. Haga que se vea en un espejo. Pregúntele: «¿Estás preparada para ir a la ciudad?». «¿Te vas a trabajar?».

Contar para turnarse

Ayude a la niña a controlar los turnos, contando los momentos que ocupa un turno. Por ejemplo, dígale que puede columpiarse hasta contar 10 vaivenes; después, le tocará el turno a su hermano. Cuente 10 vaivenes en voz alta. «Muy bien. Ahora le toca el turno a tu hermano durante otros 10 vaivenes. Ayúdame a contar». Así descubrirá que la espera de un turno dura poco.

Poemas y rimas en la mecedora

Además de los cuentos, lea a la niña poemas y rimas en momentos especiales, íntimos y tranquilos. Si tiene una mecedora, acurrúquense y mézanse al ritmo de las palabras o, simplemente, aprovechen para acurrucarse y mecerse. Deje que ella complete algunas de las palabras que faltan en la rima:

Usted:	Asno, asno, viejo y gris, demuestra que eres...
Niña:	muy feliz.
Usted:	Afina tus orejas y ponte a rebuznar, así a todo el mundo harás...
Niña:	levantar.

Magdalenas para todos

Deje que la niña le ayude a preparar algunas magdalenas para la familia, espolvoreando, vertiendo y revolviendo todo lo que pueda. Deje que extienda la mantequilla con un cuchillo de plástico mientras usted cocina y manipula cosas calientes. Comente para quiénes son las magdalenas. Ponga cada una en una servilleta y escriba el nombre de la persona en ella. A la hora de comer, deje que la niña reparta las magdalenas especiales.

Contar los besos de buenas noches

Cuando acueste a su pequeña, cuente los besos en voz alta. Pregúntele cuántos besos le va a dar en la barbilla: «¿Tres? Muy bien: uno (beso), dos (beso), tres (beso). ¿Cuántos en la nariz?». Ésta es una forma muy alegre de aprender a contar.

Pon la mesa

Deje que la niña le ayude a poner la mesa. Ponga un plato para cada persona y enséñele a poner un tenedor por cada plato y una servilleta por cada tenedor. ¡Menuda ayudante!

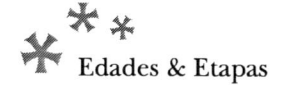

Edades & Etapas

36-42 meses

Comunicación

42-48 meses

En este momento, los niños disfrutan durante más tiempo con los libros y los cuentos. Pueden ayudarles a contar un cuento o crear historietas ellos mismos. Probablemente pregunten a menudo «por qué» y no sólo sobre los libros, sino sobre los acontecimientos cotidianos. Pueden describir con cierto detalle los acontecimientos recientes y, con alguna ayuda, situarlos en orden. Pueden interpretar carteles y señales conocidas del barrio y quizá sepan de qué palabras y letras se trata. Saben su nombre y apellidos y puede que reconozcan su nombre impreso.

Un libro que habla

En un cuaderno o en hojas unidas o grapadas, pegue las imágenes que escoja el niño, una por página. Cuando vea este libro de ilustraciones con él, pídale que le hable de las imágenes. Dígale: «¿Qué ocurre aquí?». «¿Qué colores ves?». «¿Este perrito está contento o está triste?». Compruebe si su hijo puede decirle dos o tres cosas sobre cada ilustración.

Di lo que veas

Cuando vaya en el autobús o en el coche, busque cosas de una determinada categoría, auténticas o representaciones de las mismas. Escoja la categoría de antemano. Puede decir: «Vamos a ver cuántos animales vemos durante el viaje». Tanto usted como el niño pueden señalar los perros y los gatos, así como los animales que aparezcan en carteles, estatuas, etc. Procure buscar cosas con ruedas o grandes. Deje que el niño escoja sus propias categorías.

Mis cuentos

Ahora, el niño puede empezar a inventarse cuentos. Puede animarle a que los cuente, escribiéndolos en una hoja de papel cuando se los relate a usted. Es posible que quiera dibujar o pintar algo que acompañe el cuento. Puede guardar los cuentos en una carpeta, para hacer un libro que se titule: «Mis cuentos».

Rellena los espacios en blanco

Cuando lea cuentos conocidos, salte alguna palabra de vez en cuando y deténgase para que el niño ponga la palabra o diga el sonido: «La mamá pato dijo: _____, _____, _____».

Haz lo que haga yo

Haga una acción sencilla, como dar palmas, y diga al pequeño: «Haz lo que haga yo». Después, añada un segundo movimiento, como darse palmaditas en el estómago. Pídale que lo haga, primero con usted y después, solo. A continuación, añada un tercer movimiento y vea si es capaz de recordar los tres: clap, clap, pat, pat, plin, plin. A medida que el niño pueda recordarlos, añada más movimientos y sigan haciéndolos mientras se diviertan.

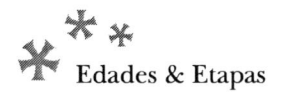

Edades & Etapas

42-48 meses

Motricidad gruesa

42-48 meses

En esta etapa, los niños coordinan mejor sus movimientos, corren, trepan, se columpian y se balancean con más seguridad. Pueden saltar, bailar y balancearse a la pata coja durante más de un segundo. Pueden andar de puntillas y de talones y empiezan a dar volteretas hacia adelante. Tienen las destrezas necesarias para subirse a un columpio.

Sigue a la líder

Cuando jueguen en casa, al aire libre o en el parque, haga que su niña le siga en una carrera de obstáculos. Las actividades pueden ser: por encima de la cama, alrededor de la manta, saltar sobre el césped, andar hacia atrás o deslizarse por un tobogán. Cuando acaben, haga que sea ella quien la dirija en una carrera de obstáculos.

En la portería

Ésta es una buena edad para empezar a jugar a parar balones con su niña. Use una pelota bastante grande, a poder ser blanda, con el fin de que no haga daño si no se para. Comience empujando la pelota hacia ella a corta distancia, retrasándose después para que practique las paradas a una distancia de entre 1,5 y 2 metros.

Pies quietos

Ponga algo de música y muévase por la habitación con su pequeña o con varios niños y niñas. Cuando apague la música, todo el mundo ha de pararse y quedarse con los «pies quietos» en una postura rígida. Anime a la niña a quedarse «congelada» en muchas posturas diferentes (p. ej., a la pata coja, inclinada, de puntillas). Cuando diga: «andando», todos podrán moverse de nuevo.

Lanzamiento de anillas

Recorte el centro de las tapas de plástico de latas grandes para hacer anillas grandes. Pida a la niña que lance las anillas hacia un pequeño poste (hecho con el centro de un rollo de papel de cocina pegado en un cartón) o un palo pinchado en el suelo, si están jugando al aire libre; también puede lanzarlas a una caja colocada a una distancia de 1 metro más o menos.

A saltar

Cuando la niña sea capaz de saltar y caer con los dos pies al mismo tiempo, enséñele a saltar sobre alguna cosa que tenga cierta altura. Comience con un libro o con cuadernos. Compruebe que mantiene los dos pies juntos.

Lanzar la pelota

Utilice una tarrina redonda de helado u otro recipiente redondo como base de una pelota o globo de mediano tamaño. Deje que la niña le dé a la pelota con un pequeño bate de plástico o con el cartón de un rollo de papel de cocina, aluminio doméstico o papel de embalar. Este juego es muy divertido al aire libre. Prepare unas reglas. Jueguen durante tantos turnos como quiera la niña. Cuando dé a la pelota, haga que vaya corriendo a los brazos de papá o mamá.

Edades & Etapas

42-48 meses

Motricidad fina

42-48 meses

Los músculos de los dedos de los niños son ahora más fuertes por lo que dominan más el dibujo y la escritura. Pueden unir las piezas de los rompecabezas y ensartar cuentas con facilidad. Se van desenvolviendo mejor al utilizar las tijeras y son capaces de cortar en línea recta sin ayuda. Incluso, es posible que sean capaces de calcar dibujos sencillos.

Recortar y pegar fotos de revistas

Dele al niño una revista vieja y una tijera infantil. Déjele que recorte fotos de la revista (no hace falta que las recorte a la perfección) y que las pegue en un pliego de papel. Puede pedirle que escoja cierto tipo de fotografías. Dígale: «Busca alimentos que te gusten y recórtalos». «Recorta algunos cupones para mamá».

Más rompecabezas de fotos

Coja una página a todo color de una revista, córtela en cinco o seis trozos y anime al pequeño a que las reúna. Para dar mayor solidez a los rompecabezas, pegue las fotos en cartón antes de recortarlas. Guarde los rompecabezas en un sobre para utilizarlos de forma repetida.

¿Dónde está el botón?

Dé al niño ropa que tenga 1 ó 2 botones grandes. También puede dejarle que le ayude a coser un botón en alguna prenda.

Cuando trate de coser el botón, haga como si fuese un juego de ocultar cosas, escondiendo al principio el botón, «atisbándolo» después a través del ojal y, por último, sacándolo a través del mismo.

Juegos de pescar cosas

Dele al niño una pinza o tenacilla y dos tazas. Ponga en una de las tazas algunas bolas de algodón, trozos grandes de macarrones o alubias grandes y dígale que coja los objetos con la pinza y los deposite en la otra taza. Cuando sea capaz de hacerlo, haga más interesante el juego, haciendo una carrera. «Hazlo más rápido: Preparado, listo, ¡ya!».

Dar cuerda al reloj

Si tiene un reloj de cuerda, enseñe al niño a poner el despertador o girar las agujas, así no sólo hará una buena práctica de sus destrezas motoras finas, sino que también aprenderá algo sobre el funcionamiento de los relojes.

La hora de las herramientas

Deje que el niño juegue con algunos tornillos y tuercas grandes. Vea si puede atornillar una tuerca en un tornillo. También puede dejarle que trate de martillar un clavo corto en un taco de madera blanda. Si tiene un tornillo grueso con una ranura grande, déjele que ponga a prueba su habilidad manual utilizando un destornillador sencillo. Es conveniente que sujete el tornillo o que compruebe que el agujero sea lo bastante grande para que la tarea no resulte demasiado difícil. No pierda nunca de vista a los niños cuando estén utilizando herramientas.

Resolución de problemas

42-48 meses

A esta edad los niños están aprendiendo a contar con cierta precisión hasta tres o cuatro objetos. Probablemente, puedan contar de memoria hasta diez. Su conocimiento del mundo va en aumento. Ahora comprenden antítesis sencillas y si las cosas son iguales o diferentes. Comprenden los patrones o grados de cambio, como «agua fresca, templada, caliente» o «alto, muy alto, altísimo».

¿Recuerdas lo que ocurrió cuando...?

Anime a su niña a que le hable de cosas que ocurrieron en el pasado. Puede empezar con esta frase: «¿Recuerdas lo que ocurrió cuando fuiste a casa de la abuela y fuimos a nadar?». Siga con preguntas como: «¿Cuándo hicimos eso?», «¿qué te gustó más?» o «¿cómo te sentiste?».

A la caza del color

Organice una especie de «caza del tesoro» con respecto a los colores. Diga a la niña: «Busca algo [de un color] y ponlo sobre la mesa». Cuando vuelva, dígale otro color. Es un juego divertido para todo el mundo, incluyendo a niños mayores y adultos. Trate de utilizar cuatro o cinco colores diferentes. Aunque traiga un color equivocado, no deje de elogiarle por intentarlo.

¿Cuál es su sitio?

Póngase un calcetín (de cualquier clase) en la cabeza o en cualquier otro sitio que no sea el suyo. Pregunte: «¿Dónde está mi calcetín?». Cuando la niña señale o diga que en su cabeza, pregúntele cuál es su sitio: «¿El pie?, ¿de verdad?». Diviértanse con el juego. Pruebe con otro objeto, como un jabón en un tazón de cereales.

¿Qué haces cuando...?

Haga a la niña preguntas sencillas como: «¿Qué haces cuando estás muy cansada?». «¿Qué haces cuando tienes hambre?». «¿Qué haces cuando te mojas?». Compruebe si puede darle respuestas que tengan sentido. Hablen de ello.

¿Qué sobra?

Jueguen a este divertido juego de pensamiento. Elija cuatro cosas. Asegúrese de que haya tres muy parecidas o que pertenezcan a la misma categoría, como tres limones. Añada un cuarto objeto que no pertenezca a la categoría, como un jabón. Pregunte a su niña cuál sobra. Pruebe con una variación: tres cosas del cuarto de baño, como jabón, champú o papel higiénico, y añada otra cosa, como un destornillador. Pregúntele cuál sobra y por qué.

Habilidades personales y sociales

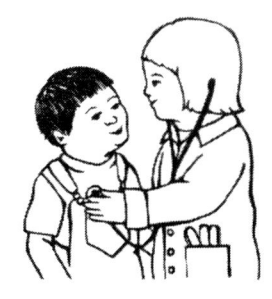

42-48 meses

En esta etapa, los niños respetan más los turnos y son capaces de esperar. Aunque juegan de forma cooperativa con otros niños, todavía necesitan de vez en cuando la ayuda de los adultos para resolver problemas. Sus sentimientos pueden ser fuertes, pero resultan más fáciles de entender cuando se les pone nombre. Les gusta seleccionar su ropa y se desenvuelven mejor para vestirse.

Verter líquidos

Dele a su niño una jarrita con leche y déjele que vierta la leche de la jarrita en su taza de cereales. Tenga a mano papel de cocina. Déjele que sirva zumo o leche a la hora de la comida. Aplauda sus éxitos.

Disfrazarse

Facilite al niño ropa para jugar a los disfraces. A los niños les encanta imitar a los adultos. La ropa no tiene que ser de fantasía, sino camisas, pañuelos, sombreros, faldas, zapatos de mayor tamaño e, incluso, telas. Anímelos a que se disfracen, abrochando botones, broches, cremalleras, etc. Jueguen: «¿Vas a trabajar hoy?». «¿Vas a una fiesta?».

Marionetas

Las marionetas son otra forma de jugar a imitar y de divertirse. Puede utilizar marionetas compradas o hechas por usted. Busque una imagen de una revista (o dibújela) de una persona o animal, recórtela y péguela en una cartulina. Pegue también el palo de un helado, un palillo de tambor o un palillo de comida oriental a modo de mango. Deje que el niño haga un personaje y usted otro. Mantengan una conversación poniendo otras voces.

Ayudante especial

Proclame a su pequeño «ayudante especial» de la jornada. Déjele que le ayude a lavar la ropa, cocinar, dar de comer a las mascotas, barrer y lavar los platos. En pequeña medida, el niño puede ayudarle a casi todo. Déjele más tiempo, porque los pequeños ayudantes lo necesitan. Esta ayuda acabará formando parte de las faenas de las que se hará cargo el niño; por eso, no escatime los elogios y haga que se divierta. A la hora de comer, diga a los demás miembros de la familia lo buen ayudante que es.

Opciones de actividad

Dé a elegir al niño entre distintas actividades, incluyendo las de su cuidado personal. A veces, es más fácil conseguir que coopere cuando tiene oportunidad de elegir. Por ejemplo, puede ofrecerle la posibilidad de cepillarse los dientes antes o después de ponerse el pijama. Los niños pueden empezar a hacer por sí mismos estas cosas que atañen a su cuidado personal, pero es más divertido y atractivo si hay posibilidad de elegir.

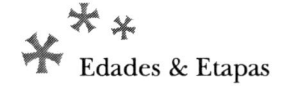

Edades & Etapas

42-48 meses

Comunicación

48-54 meses

En estos meses, todos los días, los niños aprenden palabras nuevas y disfrutan jugando con el lenguaje rimando palabras. Pueden hacer el tonto con el lenguaje y reírse de sus propios chistes. Cuando describen acontecimientos, hacen muchos cambios de inflexión (cambios de voz). Conocen la diferencia entre día y noche, hoy y mañana. Pueden cumplir tres o más órdenes sencillas. También saben que las letras y las palabras escritas significan algo para los demás.

Marionetas

Las marionetas se pueden hacer de diferentes maneras. Puede usar una bolsa, un calcetín o un círculo de papel donde su hijo puede dibujar la cara de la marioneta con ceras, rotuladores y pinturas; también puede hacer el pelo con hilos o tiras de papel. La marioneta puede contar una historia familiar en la que hablen por turnos, preguntando y respondiendo, los miembros de la familia.

Amigos de aventuras

Lleve a sus hijos a un sitio nuevo. Pueden visitar un museo, un parque o lugares al aire libre, una nueva tienda o una librería. Haga planes con él. Después, cuando lleguen a casa, pregúntele sobre lo que ha visto o ha hecho. Anímele a que cuente a otros miembros de la familia lo que ha hecho hoy.

Bolsa del tacto

Reunir algunos objetos pequeños y ponerlos en una bolsa. Deje que su hijo escoja un objeto con los ojos cerrados, y que intente adivinar qué puede ser. Si su hija tarda mucho en adivinar que es el objeto, puede ayudarle. Por ejemplo, puede preguntarle: ¿es áspero o suave?

Todo sobre mí misma

Pida a la niña que haga un libro sobre sí misma. Comience grapando o uniendo con cinta adhesiva o hilo varios pliegos de papel, donde la niña puede pegar fotos de miembros de la familia o de cosas que le gusten de las revistas. Puede estampar la silueta de su mano en una página o hacer dibujos. Pídale que «lea» su historia o hable de cada ilustración.

Magnífica ayudante

Su niña disfrutará ayudándole en casa. A la hora de la comida, puede ayudar a poner la mesa. Dele algunas instrucciones y compruebe si puede recordarlas. Por ejemplo, puede pedirle: «Abre el cajón, saca cuatro servilletas y pon una en cada plato». Al principio, quizá necesite alguna ayuda. Dígale que es una ayudante muy buena.

Nubarrones

Esta actividad es muy divertida en un día en el que el cielo esté cubierto de nubes algodonosas. Túmbense de espaldas y, por turno, señalen distintas formas y patrones de nubes. Pregunte a qué se parecen las nubes. «¿Se parece a un cono de helado?». «¡Ésa se parece a un dinosaurio!».

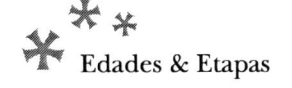

Motricidad gruesa

48-54 meses

Los niños de 48 a 54 meses siguen desarrollando y refinando su motricidad gruesa. Pueden montar en triciclo, sortear obstáculos y detenerse y girar con destreza. Pueden dar una patada a la pelota si usted la hace rodar de manera que la encuentren. Están aprendiendo a correr y cambiar de dirección sin detenerse y a dar volteretas y galopar. Pueden impulsarse en un columpio, lanzando las piernas hacia atrás y hacia delante y lanzar un balón por encima de la cabeza a unos 3 m.

Globo en el aire

Juegue a este juego con su niño y, quizá, uno o dos amigos. Mantenga el globo en el aire dándole un golpecito después de lanzarlo. Cuando descienda, le toca golpearlo una vez más a otra persona. Vea durante cuánto tiempo son capaces de evitar que el globo caiga al suelo.

Dar en el blanco

En un pliego grande de cartulina, recorte unos agujeros de entre 20 y 25 cm para hacer una diana. El niño puede adornar la diana con pintura. Apoye la cartulina de manera que no se caiga y deje que el pequeño trate de lanzar una pelota de tenis y meterla por los agujeros. Deje que el niño esté muy cerca del blanco y después, haga que se retire unos pocos centímetros. Déjele que pruebe a lanzar por debajo y por encima de la cabeza. También puede pegar una diana en un árbol o pegar con cinta adhesiva una X en una pared o valla.

Juegos de pelota

Ahora el niño está preparado para la práctica de juegos de pelota. Algunos juegos pueden modificarse un poco para hacerlos más fáciles. Por ejemplo, una pequeña papelera encima de una silla puede servir de aro de baloncesto. Utilice un balón grande y enseñe al niño a driblar y tirar para marcar un tanto. Juegue al fútbol utilizando dos objetos para señalar la portería y chutando para marcar un gol.

Baile con pañuelos

Es una actividad estupenda para días lluviosos. Ponga la radio y pida al pequeño que baile con la música. Si tiene pañuelos (o paños de cocina), el niño puede tenerlos en las manos mientras baila. Pruebe distintos tipos de música, como el *rock and roll* o cualquier otro. Anímele a escuchar y a moverse siguiendo el ritmo.

Atrapar la pelota

Es muy divertido jugar con su niño y algunos amigos y amigas a la pelota. Utilice una pelota de playa o ligeramente más pequeña. Enséñeles a poner los brazos para recibir la pelota. Pónganse en círculo y láncense la pelota unos a otros. ¡Preparados!

La hora del juego

Siempre que pueda, lleve al niño al parque infantil. Disfrutará mucho trepando, corriendo, columpiándose, deslizándose y aprendiendo nuevas destrezas. No lo pierda de vista. ¡Puede ser muy lanzado!

Edades & Etapas

48-54 meses

Motricidad fina

48-54 meses

Ahora, los movimientos de los dedos de los niños son más controlados. Por ejemplo, pueden introducir pequeñas clavijas en los agujeros de un tablero y construir una torre de bloques pequeños (por regla general, 9, más o menos). Están aprendiendo a dibujar formas siguiendo un modelo y es posible que puedan escribir algunas letras. Pueden recortar círculos y formas con líneas curvas utilizando tijeras infantiles. Con sus movimientos manuales más controlados, son capaces de hacer más tareas por su cuenta.

Un postre divertido

Haga un postre blando. Ponga unas cucharadas en un papel de repostería o en un plato (quizá sea conveniente cubrir antes la mesa con papel de periódico). Haga que su niña se lave las manos antes de empezar y que, después, pinte con los dedos en el postre. Puede dibujar imágenes o poner letras o formas diversas. ¡Lo mejor viene a la hora de limpiar!

Elaboración de libros

Pueden hacerse libros con cualquier tipo de papel. Basta con grapar, pegar con cinta adhesiva o pegamento o coser unas cuantas hojas de papel. En las páginas, su niña puede dibujar figuras o pegar fotos recortadas de revistas para ilustrar una historia. Anímele a que le cuente su historia. Ayúdele a escribir sus palabras en cada página.

Firmado por el artista

Haga que la niña pinte con témpera en casa o dibuje algo con pinturas de colores. Cuando acabe una obra, ayúdele a escribir su nombre. Al principio, es posible que necesite su ayuda. Después, puede tratar de hacerlo sola. Anímela a hacer signos en el papel, aunque parezca que están mal. Ella aprende haciendo actividades por sí misma.

Cadenetas de papel

Las cadenetas de papel pueden hacerse cortando cualquier tipo de papel en tiras de 1,5 x 12 cm. Enseñe a la pequeña a hacer un lazo pegando con pegamento o cinta adhesiva los extremos. Haga una cadeneta pasando la tira siguiente por el lazo y así sucesivamente. Compruebe lo larga que puede ser.

Tienes carta

Cuando llegue el correo, deje que su niña abra la propaganda. Puede ejercitar los dedos abriendo el sobre y encontrarse con alguna sorpresa en el interior. Ayúdele a escribir y mandar cartas a los miembros de la familia o al personaje que más le guste.

Pintar con agua

En un día seco y cálido, dele a su pequeña un cubo de plástico con agua, uno o dos pinceles y una esponja vieja. Busque un paseo, valla o acera que no encierre ningún peligro y déjele que pinte figuras o formas grandes con el agua en el cemento o la madera. Observen cómo desaparecen las figuras.

Edades & Etapas

48-54 meses

Resolución de problemas

48-54 meses

El período de mantenimiento de la atención de los niños de estos meses está aumentando y ya pueden prestar atención a una actividad que les guste sin estar encima de ellos. Están comenzando a ordenar por la forma, el tamaño y la longitud y pueden emparejar objetos parecidos. También están descubriendo cómo se agrupan las cosas por su función; por ejemplo, pueden señalar «todas las cosas que son herramientas» en una foto o dibujo que muestre muchos objetos. Les encanta leer cuentos y en este momento están aprendiendo a crearlos o inventar finales sin ayuda. Son corrientes las historias disparatadas y las exageraciones.

La hora de la rima

Cuando vayan en el coche o en el autobús, juege al juego de la rima. Piense una palabra y haga que el niño diga una palabra que rime. Después, dígale que piense una palabra y usted busque la rima. Por ejemplo, usted dice: «mar» y el niño dice: «bar». Él dice: «tren» y usted dice: «ven». Si al pequeño le cuesta mucho encontrar una palabra que rime, ayúdele un poco.

Agrupar y ordenar

Reúna un montón de cosas pequeñas. Es posible que tenga en casa alguna caja con botones, monedas o cosas sueltas. Siéntese con el niño y trate de encontrar formas de agrupar las cosas. Por ejemplo, pueden ordenar botones según su color, tamaño o número de agujeros del botón. Busquen el botón más grande y el más pequeño. Alineen cinco objetos y señalen cada uno mientras usted los cuenta. Después, deje que lo haga el niño.

El juego de la espera

Cuando estén esperando algo, procuren contar juntos para ver el tiempo que transcurre hasta que suceda lo que esperan. Por ejemplo, cuando vayan en el coche y estén esperando a que el semáforo se ponga en verde, cuenten para ver cuánto tarda en cambiar. Así, el niño aprenderá a contar; esto le ayudará también a tener más paciencia.

El bebé teatral

Léale a su niño un cuento y después anímele a que lo represente. Puede hacer de diversos personajes. Por ejemplo, si lee un cuento sobre animales de granja, él puede hacer de vaca, pollito, cerdo o caballo. Anímele a representar el planteamiento, el nudo y el desenlace del cuento.

Búsqueda de números y letras

Cuando vaya a comprar, jueguen a buscar números y letras. Anímele a encontrar números o letras en las paredes, imágenes y carteles. Cuando descubra alguno, dígale: «¡Has encontrado el 5! ¡Muy bien!». Señale los números entre 1 y 9 o letras del alfabeto. Pida al niño que busque algo concreto: «Ahora, buscamos la letra C».

Habilidades personales y sociales

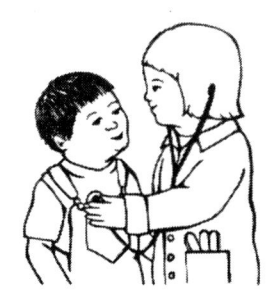

48-54 meses

En esta etapa, los niños se van haciendo más independientes y van demostrando sus habilidades. Por ejemplo, a la hora de vestirse, ya pueden ponerse cada zapato en su pie.

Respecto a los hábitos de higiene, son capaces de cepillarse los dientes y utilizar el váter sin ayuda del adulto.

Los hábitos alimenticios son también importantes: en esta etapa comen distintas clases de comida y además son capaces de poner la mesa ellos solos y verter líquidos sin derramar nada.

Por último, se desarrollan habilidades sociales como el compañerismo y la aceptación de las normas a través del juego cooperativo.

La hora del juego

Los niños disfrutan aprendiendo juegos que tienen reglas. Usted puede jugar con su niña a juegos de cartas con animales, coches, etc. Si van a jugar otros niños, es posible que tenga que jugar con ellos al principio para ayudarles a aprender las reglas y a respetar el turno.

Como en la Pizzería

A su niña le encanta ayudarle a cocinar o hacerse su propio bocadillo. Puede aprender a verter líquidos, revolver, untar y cortar alimentos blandos con su ayuda (y cuidadosa vigilancia). Puede probar con pizzas. La niña puede poner salsa de tomate sobre una base, espolvorear queso y añadir los ingredientes que prefiera. Ponga en el horno la pizza durante unos minutos. ¡Que aproveche!

La tienda de campaña

En un día lluvioso, pregunte a la pequeña si le gustaría invitar a jugar a un amiguito. Deles unas mantas o sábanas viejas y dígales que monten una tienda de campaña, tendiendo las sábanas entre sillas o muebles. Cuando hayan montado su tienda, pueden jugar en su interior o leer libros con la ayuda de una linterna.

Merienda campestre con mi osito de peluche

Para que la niña pueda llevar sus animalitos de peluche o muñecos a una merienda campestre, prepare una cesta con una manta, servilletas, comida de mentira y platos y tazas de plástico. La pequeña puede practicar sus habilidades de vestirse «poniéndose elegante» para los ositos. Más tarde, puede ayudar a limpiar tras una fantástica merienda.

Escritora novel

Ayude a su niña a escribir una carta a alguna persona a la que conozca. Ella puede hacer un dibujo y usted puede escribir las palabras que quiera decir la niña, o bien ella puede poner a prueba sus propias habilidades de escritura. Enséñele a poner la dirección en el sobre y haga que practique diciendo su nombre completo y su dirección. Puede ayudar a su niña a poner su firma al final de la carta.

Como los chorros del oro

Tenga en el cuarto de baño una banqueta fuerte en la que pueda subirse su pequeña y mirarse en el espejo. Dele su propia manopla y toalla y enséñele a lavarse la cara con jabón. ¡Dele un gran beso en su cara limpia y brillante! Cuando se bañe, también puede lavarse y secarse sin ayuda. No se olvide de hacer que se cepille los dientes diariamente.

Edades & Etapas

48-54 meses

Comunicación

54-60 meses

Las habilidades comunicativas de los niños están aumentando y floreciendo en esta etapa. Están aprendiendo a conversar con las personas que conocen e inician conversaciones y responden a sus preguntas. Están descubriendo distintas partes del discurso y utilizan oraciones más complicadas; por ejemplo cuando describen algo, pueden decir: «Era un perro marrón muy grande». Pueden utilizar expresiones sin sentido y reírse de sus propios chistes.

Adivinar animales

Es un juego en el que puede participar toda la familia. Recorte algunas fotos de animales de una revista. Ponga boca abajo las fotografías y haga que, por turno, cada persona escoja una foto. Los demás jugadores hacen preguntas de «sí o no» para adivinar de qué animal se trata (p. ej.: «¿Ese animal nada?». «¿Es más grande que el gato?»). Cuando alguien acierte de qué animal se trata, le toca a otra persona el turno de escoger una tarjeta de un animal y dejar que las demás lo adivinen.

Recuerdos a la hora de dormir

A la hora de irse a la cama, hable con su niño. Susúrrele: «¿Qué es lo mejor que te ha pasado hoy?». Pregúntele qué más le ha ocurrido. Coméntele también lo mejor que le haya pasado a usted.

Aventuras leídas

Léale al niño diariamente. Lea despacio y con interés. Señale y siga las palabras con el dedo. Detenga la lectura de vez en cuando y anímele a hablar sobre las ilustraciones y el relato. Haga que este rato sea especial y divertido, tanto para usted como para él.

Rayos de luna

En una noche en que sea visible la luna, busque un lugar en el que tumbarse o sentarse al aire libre con su pequeño y miren la luna y las estrellas. «¿Qué ves? ¿Puedes conectar las estrellas para hacer una imagen? ¿Puedes distinguir una cara en la luna?». Reflexione sobre lo que pasaría si fuese un astronauta que volara por el espacio en un cohete. «¿Cómo crees que se estará en la luna? ¿Qué harías allí? ¿Cómo te sentirías estando tan lejos de la tierra?».

Rimas y ritmo

Mientras canta una canción infantil, pídale al niño que toque un tambor, el fondo de una olla o una caja. Esta actividad musical puede hacerse más estimulante e interesante añadiendo nuevos instrumentos, como campanas, cucharas o saleros (rellenos con alubias). ¡Hagan un ruido divertido con los amigos!

En la oficina

Prepare una pequeña oficina para su niño, con cuadernos, un teléfono de juguete, el teclado de un ordenador, lápices y bolígrafos, una regla, una calculadora y un calendario. Añada algunos sobres, papeles y pegatinas. Anímele a que juegue a que va a trabajar y escriba cartas, escriba mensajes en el ordenador y tome notas para los amigos. Juegue con él, llámelo por teléfono y hágale preguntas.

Edades & Etapas

54-60 meses

Motricidad gruesa

54-60 meses

La motricidad gruesa se sigue desarrollando y refinando en estos momentos. Los niños tienen mucha más estabilidad y están aprendiendo a mantener el equilibrio sobre un solo pie o andar sobre una línea estrecha. Están aprendiendo habilidades como saltar, brincar sobre un pie y andar a saltitos. Disfrutan con actividades como lanzar, atrapar y chutar balones. Deben vigilarles muy de cerca porque pueden hacer algunas cosas peligrosas. Pueden montar en una bicicleta pequeña con ruedas auxiliares.

Otoño divertido

En otoño, lleve a la niña a jugar al aire libre con las hojas que caen de los árboles. Rastrille las hojas y acumúlelas formando pequeños montones. Persíganse alrededor de los montones, salten sobre ellos o traten de saltar por encima de ellos. Prueben a enterrarse mutuamente en las hojas o a cogerlas cuando caen.

El rescate

Reúna con su pequeña a un grupo de niñas y niños para jugar a una variante del rescate. Designe a la persona que «la lleva» al principio. La persona que «la lleva» persigue a otros niños tratando de alcanzarlos y tocarlos. Si toca a un niño, éste tiene que quedarse donde esté (sin moverse). Otra niña o niño, que no sea quien «la lleva», puede rescatar al alcanzado tocándolo. La persona rescatada puede correr para evitar que vuelvan a cogerla. El jugador que sea alcanzado tres veces sustituye al que «la lleva».

A salpicar

Esta actividad es muy buena para los días de calor. Su niña, los amigos de su hija y usted pueden ponerse alrededor de una pequeña piscina de plástico. Con una pelota de playa, por turno, tienen que tratar de mojar a los demás lanzando la pelota al agua. No se tiren la pelota unos a otros, sino al agua. También pueden jugar a coger la pelota. Más tarde, ¡todos querrán meterse en la piscina!

Baile de la cinta

Corte una cinta o serpentina en trozos de una longitud de unos 180 cm. Su pequeña puede estudiar distintas formas de hacer dibujos en el aire. Dígale que pruebe con circunferencias y lazos, movimientos ascendentes y descendentes y ochos. Después, dígale que pruebe todos esos movimientos con dos cintas, una en cada mano. Por último, haga que se mueva de un sitio a otro, llevando las cintas. Que pruebe a saltar, correr y andar.

Representación de animales

Recorte fotos de animales de una revista. Póngalas boca abajo y, por turno, usted y la niña escojan un animal. Usted debe representar el animal que haya extraído y la pequeña tiene que adivinar de qué animal se trata. Háganlo por turno, de manera que cada una pueda representar un animal y adivinarlo. Si saca un canguro, debe saltar, saltar y saltar. Si saca un guepardo, probablemente tenga que correr. Si saca un gato, puede relajarse y lamer sus garras o saltar para atrapar un ratón. Puede representar una jirafa andando de puntillas y estirándose todo lo que pueda.

Edades & Etapas

54-60 meses

Motricidad fina

54-60 meses

En esta etapa, los niños son capaces de usar los dedos de un modo más controlado. Los movimientos de sus dedos son coordinados y más rápidos y es fácil que quieran tratar de escribir las letras de su nombre. En esta época, muchos niños empiezan a mostrar su preferencia por el uso de una mano en vez de la otra. Pueden recortar siluetas con la tijera; ya se desenvuelven mejor a la hora de abrocharse la ropa y atarse los zapatos.

Tarjetas enlazadas

Con una tijera infantil, su hijo puede recortar fotos sencillas de cosas conocidas de revistas y pegarlas sobre cartulina. Con una taladradora, haga varios agujeros alrededor del exterior de la foto. Ate un cordón de calzado o hilo fuerte a través de uno de los agujeros. Asegúrese de que el otro extremo del hilo tenga cinta adhesiva a su alrededor para formar una punta rígida. Su hijo puede pasar el hilo alrededor del borde de la tarjeta. Como variante, haga que su hijo cosa dos tarjetas juntas.

Aceras divertidas

Adorne las aceras con bellos dibujos a tiza. Puede encontrar tizas de colores en las tiendas de juguetes y en papelerías. Es fácil limpiar la tiza de la acera, y la lluvia también la elimina. ¡No olvide recordar a su hijo que firme con su nombre!

Envolviendo un regalo

Dele al niño una pequeña caja resistente, papel de periódico o de regalo, cinta adhesiva y cinta normal. Déjele que practique envolviendo la caja. Después, puede envolver a su modo un regalo auténtico para un amigo.

Retrato de familia

Anime al pequeño para que haga un dibujo de la familia. Cuando lo haya hecho, pídale que le hable del dibujo. Usted puede escribir lo que diga el niño acerca de sus hermanos, padres, abuelos, mascotas y guardar sus respuestas con el dibujo.

Haz un mapa

El niño y usted pueden hacer un mapa del barrio. Para comenzar esta actividad, den un paseo y señalen las calles, los edificios y los parques cercanos u otros puntos destacados. Después, tras el paseo, utilice papel y bolígrafos o rotuladores para animar a su hijo a hacer un mapa de lo que recuerde. Es posible que tenga que ayudarle a comenzar el mapa. Si el barrio es demasiado grande, comience con el mapa de su casa o de su habitación. Pregunte a su hijo: «¿Dónde está tu cama? ¿Y la caja de los juguetes?».

Edades & Etapas

54-60 meses

Resolución de problemas

54-60 meses

Los niños de esta etapa ya pueden contar de memoria hasta 15 y contar con precisión 10 objetos. Son capaces de seguir directrices cuando están en una actividad de grupo y conocen las reglas en casa y en la escuela. Disfrutan con los juegos de imitación y pueden representar papeles diferentes con sus amigos. Son habituales las historias fantásticas y las exageraciones. Disfrutan «leyendo» libros y pueden memorizar algunos libros sencillos. En realidad, están empezando a comprender cómo funcionan las cosas en el mundo y tienen una curiosidad infinita acerca de por qué son las cosas como son.

Galletas divertidas

Haga letras (o números) de galleta. Las galletas pueden hacerse con masa de pizza. Corte la masa en tiras y forme números o letras, sacándolos de la masa. Pinte las figuras con huevo batido, póngales un poco de sal y hornéelas hasta que adquieran un color marrón dorado. ¡A comer la A, la B o la C!

Nos divertimos coloreando la comida

A la mayoría de los niños les encanta experimentar con los colorantes alimentarios. Deje que la niña coloree su comida. He aquí algunas ideas: colorear de azul los huevos revueltos, colorear un vaso de leche, añadir una gota de colorante a un trozo de manzana o a una rebanada de pan antes de tostarla y colorear el puré de patata. Dígale a su hija que piense otras posibilidades.

¿Cuánto? ¿Cuántos?

Cuente cuánto tiempo tarda la pequeña en adquirir una nueva habilidad, como mantenerse erguida sobre un solo pie o cuántas veces puede botar un balón. Celebre cada ocasión en la que pueda dominar una nueva habilidad durante algo más de tiempo. Déjela que cuente mientras usted hace algo, como mantener en equilibrio un libro sobre su cabeza. Esto le ayudará a su hija a practicar nuevas habilidades y a contar.

La hora de los cuentos

Cuéntele a su pequeño un cuento. Use voces, posturas corporales y expresiones faciales diferentes para representar distintos personajes. Después, le toca a su hijo contar un cuento. Estimule al niño para que sobreactúe y no olvide apreciar su representación.

¿Qué falta?

Prepare cinco o más juguetes distintos y dele tiempo a la niña para que los mire. Después, esconda un juguete. Compruebe cuánto tiempo tarda la pequeña en descubrir qué juguete falta. Al principio, es posible que tenga que darle alguna pista. Cuando adivine qué juguete falta, esconda otro distinto. Después, ¡le toca a ella esconderlos!

Busca el tesoro

Esta actividad hay que planearla con tiempo. Esconda el «tesoro» (p. ej., el pastel favorito, una bolsita de bisutería vieja, un juguete nuevo) en un lugar que quede al alcance de la niña. Haga dibujos de todos los lugares en los que quiera que la niña busque el «tesoro» (p. ej., un televisor, un buzón). Asegúrese de que los dibujos sean sencillos y claros. Cada pista debe dirigir a la pequeña a un lugar en el que halle la pista siguiente, hasta que, finalmente, dé con el «tesoro».

Edades & Etapas

54-60 meses

Habilidades personales y sociales

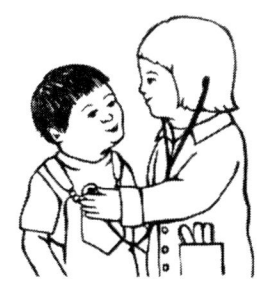

54-60 meses

En este momento, los niños y niñas son capaces de satisfacer la mayoría de sus necesidades personales, aunque puedan necesitar cierta práctica o ayuda en algunas de las partes más difíciles de una tarea, como atarse los zapatos. Han adquirido habilidades sociales relativas a las comidas. Comen alimentos diversos y se visten solos. Disfrutan jugando con otros niños y trabajando juntos en distintos proyectos. Están empezando a utilizar sus palabras para resolver conflictos con sus amigos.

Una cita

Salga con el niño. Vayan a comer o al cine. Antes de salir, deben arreglarse. Él puede ponerse una camisa y un pantalón especiales para la ocasión, lavarse las manos y la cara, usar el orinal y cepillarse los dientes. Acérquele un espejo para que pueda ver su magnífico aspecto. Ahora, ¡diviértanse! Muestren una educación extrema y utilicen en todo momento «por favor» y «gracias».

Ensalada de frutas

Haga una ensalada de frutas utilizando las frutas que más les gusten, como uvas, plátanos, manzanas y naranjas. El niño lo pasará muy bien lavando, pelando y poniendo la fruta en un cuenco. Incluso, puede cortar en rajas una fruta blanda, como un plátano, con un cuchillo para mantequilla o de plástico. Añada a la ensalada yogur o nueces. El niño puede practicar el uso de la cuchara y el tenedor al servir la ensalada de frutas.

Tarjetas de flores prensadas

Recoja flores de su jardín o del parque. Van mejor las flores pequeñas y delicadas porque quedan más planas. Después, póngalas entre hojas de papel de cocina o de periódico y colóquelas entre libros pesados (como guías telefónicas); deje que pasen unos días para que las flores se sequen y se aplasten. Pegue estas flores en un pliego de papel para hacer tarjetas destinadas a la familia y amigos. Ayude a que el niño escriba una nota especial dirigida a alguna persona concreta.

112

Hable con el niño acerca de lo que debe hacer si se pierde o se produce una emergencia en casa. Su hijo debe aprender a llamar al 112 y dar información. Pueden hacer un juego de rol con un teléfono de juguete, pero también enséñele a utilizar el teléfono de verdad. Enseñe al niño su nombre, dirección y número de teléfono. A veces, sirve de ayuda aprender esta información con una canción. Interpreten el papel de policía e intercambien los papeles.

Me visto yo solo

Asegúrese de que el niño disponga de tiempo por la mañana para vestirse. Después, anímelo a que se abroche la camisa y el pantalón y se ate los zapatos. Necesitará algo de ayuda y tiempo. Cuanto más practique, antes será capaz de arreglarse solo.

Tú como yo, yo como tú

El niño y usted pueden intercambiar sus papeles. Él puede hacer de usted y ayudarle a vestirse o a cepillar su pelo. Usted puede hacer como si necesitara ayuda. Esta inversión de papeles puede incluir el intercambio de tareas, ropa, vocabulario, etc.

Edades & Etapas

| 54-60 meses |